# Deliberately Growing Spiritually
**(Previously published as: "Lectio Divina")**

*Revised Edition*

A Five Year
Bible Reading Program
for Spiritual
Transformation

James J. Stewart

© 2017 James J. Stewart

ISBN: 978-0-9978916-2-1

Other books by the author at: Amazon.com

## Author's Foreword

A colleague of mine once told me that he thought encouraging people to read the Bible without engaging in study or analysis is irresponsible. I disagree. There are at least three approaches to reading the Bible. Sometimes it is appropriate to read the Bible for inspiration, selecting passages that are useful or helpful, for particular situations. A second approach is to read the Bible for information. This alternative approach often includes serious study of the text – analyzing and evaluating what is read.

This booklet is designed to encourage a third approach to Bible reading: reading the Bible simply to experience its power and authority, while learning about God and His will. It is an excellent practice for all followers of Christ. This approach involves a practice of scriptural reading, prayer, and meditation similar to that of the Benedictine order of the Roman Catholic Church. There are followers of Jesus all over our world that engage in this practice. It is intended to promote communion with God and to increase the knowledge of God's Word.

In early church history, this type of Bible reading was sometimes referred to as *lectio divina* or "divine instruction." Reading the Bible in large portions like this challenges the reader to think and meditate, and it often leads to prayer. Since 1987, I have been reading four chapters of the Bible each day with this pattern laid out in this booklet. It began as a personal quest for Biblical literacy. Unexpectedly, I discovered that engaging in this discipline resulted in spiritual growth and strength. Almost always I have had my reading and prayer time in the early morning. That is a matter of personal preference because there have seemed to be fewer distractions. In the first edition of this publication, the readings began where I was at the time of writing it. This edition begins where I began in 1987.

It's best to read all four selections from the beginning. Some people find it difficult to make time for this each day, regardless of the time. If it is a real problem, I suggest that for the first week or more, you only read gospel selections. Gradually, you can add a second, third, and fourth column.

The gospel readings repeat approximately every three months. The remainder of the New Testament repeats about every five months. The Old Testament readings take roughly fifteen months each, more or less, before repeating. No two New Testament readings will coincide once again for nearly forty years. No two Old Testament readings will coincide again for more than seventy years. Thus, the result is a nearly random pattern. At the end of the schedule in this booklet, I hope readers will want to continue the pattern for the rest of their lives.

| The Gospels | Acts – Revelation | Genesis – Job | Psalms – Malachi |
| --- | --- | --- | --- |
| Matthew 1 | Acts 1 | Genesis 1 | Psalms 1 |
| Matthew 2 | Acts 2 | Genesis 2 | Psalms 2 |
| Matthew 3 | Acts 3 | Genesis 3 | Psalms 3 |
| Matthew 4 | Acts 4 | Genesis 4 | Psalms 4 |
| Matthew 5 | Acts 5 | Genesis 5 | Psalms 5 |
| Matthew 6 | Acts 6 | Genesis 6 | Psalms 6 |
| Matthew 7 | Acts 7 | Genesis 7 | Psalms 7 |
| Matthew 8 | Acts 8 | Genesis 8 | Psalms 8 |
| Matthew 9 | Acts 9 | Genesis 9 | Psalms 9 |
| Matthew 10 | Acts 10 | Genesis 10 | Psalms 10 |
| Matthew 11 | Acts 11 | Genesis 11 | Psalms 11 |
| Matthew 12 | Acts 12 | Genesis 12 | Psalms 12 |
| Matthew 13 | Acts 13 | Genesis 13 | Psalms 13 |
| Matthew 14 | Acts 14 | Genesis 14 | Psalms 14 |
| Matthew 15 | Acts 15 | Genesis 15 | Psalms 15 |
| Matthew 16 | Acts 16 | Genesis 16 | Psalms 16 |
| Matthew 17 | Acts 17 | Genesis 17 | Psalms 17 |
| Matthew 18 | Acts 18 | Genesis 18 | Psalms 18 |
| Matthew 19 | Acts 19 | Genesis 19 | Psalms 19 |
| Matthew 20 | Acts 20 | Genesis 20 | Psalms 20 |
| Matthew 21 | Acts 21 | Genesis 21 | Psalms 21 |
| Matthew 22 | Acts 22 | Genesis 22 | Psalms 22 |
| Matthew 23 | Acts 23 | Genesis 23 | Psalms 23 |
| Matthew 24 | Acts 24 | Genesis 24 | Psalms 24 |
| Matthew 25 | Acts 25 | Genesis 25 | Psalms 25 |
| Matthew 26 | Acts 26 | Genesis 26 | Psalms 26 |
| Matthew 27 | Acts 27 | Genesis 27 | Psalms 27 |
| Matthew 28 | Acts 28 | Genesis 28 | Psalms 28 |
| Mark 1 | Romans 1 | Genesis 29 | Psalms 29 |
| Mark 2 | Romans 2 | Genesis 30 | Psalms 30 |
| Mark 3 | Romans 3 | Genesis 31 | Psalms 31 |
| Mark 4 | Romans 4 | Genesis 32 | Psalms 32 |
| Mark 5 | Romans 5 | Genesis 33 | Psalms 33 |
| Mark 6 | Romans 6 | Genesis 34 | Psalms 34 |
| Mark 7 | Romans 7 | Genesis 35 | Psalms 35 |
| Mark 8 | Romans 8 | Genesis 36 | Psalms 36 |
| Mark 9 | Romans 9 | Genesis 37 | Psalms 37 |
| Mark 10 | Romans 10 | Genesis 38 | Psalms 38 |
| Mark 11 | Romans 11 | Genesis 39 | Psalms 39 |
| Mark 12 | Romans 12 | Genesis 40 | Psalms 40 |
| Mark 13 | Romans 13 | Genesis 41 | Psalms 41 |
| Mark 14 | Romans 14 | Genesis 42 | Psalms 42 |
| Mark 15 | Romans 15 | Genesis 43 | Psalms 43 |
| Mark 16 | Romans 16 | Genesis 44 | Psalms 44 |

| The Gospels | Acts – Revelation | Genesis – Job | Psalms – Malachi |
|---|---|---|---|
| Luke 1 | 1 Corinthians 1 | Genesis 45 | Psalms 45 |
| Luke 2 | 1 Corinthians 2 | Genesis 46 | Psalms 46 |
| Luke 3 | 1 Corinthians 3 | Genesis 47 | Psalms 47 |
| Luke 4 | 1 Corinthians 4 | Genesis 48 | Psalms 48 |
| Luke 5 | 1 Corinthians 5 | Genesis 49 | Psalms 49 |
| Luke 6 | 1 Corinthians 6 | Genesis 50 | Psalms 50 |
| Luke 7 | 1 Corinthians 7 | Exodus 1 | Psalms 51 |
| Luke 8 | 1 Corinthians 8 | Exodus 2 | Psalms 52 |
| Luke 9 | 1 Corinthians 9 | Exodus 3 | Psalms 53 |
| Luke 10 | 1 Corinthians 10 | Exodus 4 | Psalms 54 |
| Luke 11 | 1 Corinthians 11 | Exodus 5 | Psalms 55 |
| Luke 12 | 1 Corinthians 12 | Exodus 6 | Psalms 56 |
| Luke 13 | 1 Corinthians 13 | Exodus 7 | Psalms 57 |
| Luke 14 | 1 Corinthians 14 | Exodus 8 | Psalms 58 |
| Luke 15 | 1 Corinthians 15 | Exodus 9 | Psalms 59 |
| Luke 16 | 1 Corinthians 16 | Exodus 10 | Psalms 60 |
| Luke 17 | 2 Corinthians 1 | Exodus 11 | Psalms 61 |
| Luke 18 | 2 Corinthians 2 | Exodus 12 | Psalms 62 |
| Luke 19 | 2 Corinthians 3 | Exodus 13 | Psalms 63 |
| Luke 20 | 2 Corinthians 4 | Exodus 14 | Psalms 64 |
| Luke 21 | 2 Corinthians 5 | Exodus 15 | Psalms 65 |
| Luke 22 | 2 Corinthians 6 | Exodus 16 | Psalms 66 |
| Luke 23 | 2 Corinthians 7 | Exodus 17 | Psalms 67 |
| Luke 24 | 2 Corinthians 8 | Exodus 18 | Psalms 68 |
| John 1 | 2 Corinthians 9 | Exodus 19 | Psalms 69 |
| John 2 | 2 Corinthians 10 | Exodus 20 | Psalms 70 |
| John 3 | 2 Corinthians 11 | Exodus 21 | Psalms 71 |
| John 4 | 2 Corinthians 12 | Exodus 22 | Psalms 72 |
| John 5 | 2 Corinthians 13 | Exodus 23 | Psalms 73 |
| John 6 | Galatians 1 | Exodus 24 | Psalms 74 |
| John 7 | Galatians 2 | Exodus 25 | Psalms 75 |
| John 8 | Galatians 3 | Exodus 26 | Psalms 76 |
| John 9 | Galatians 4 | Exodus 27 | Psalms 77 |
| John 10 | Galatians 5 | Exodus 28 | Psalms 78 |
| John 11 | Galatians 6 | Exodus 29 | Psalms 79 |
| John 12 | Ephesians 1 | Exodus 30 | Psalms 80 |
| John 13 | Ephesians 2 | Exodus 31 | Psalms 81 |
| John 14 | Ephesians 3 | Exodus 32 | Psalms 82 |
| John 15 | Ephesians 4 | Exodus 33 | Psalms 83 |
| John 16 | Ephesians 5 | Exodus 34 | Psalms 84 |
| John 17 | Ephesians 6 | Exodus 35 | Psalms 85 |
| John 18 | Philippians 1 | Exodus 36 | Psalms 86 |
| John 19 | Philippians 2 | Exodus 37 | Psalms 87 |
| John 20 | Philippians 3 | Exodus 38 | Psalms 88 |
| John 21 | Philippians 4 | Exodus 39 | Psalms 89 |

| The Gospels | Acts – Revelation | Genesis – Job | Psalms – Malachi |
|---|---|---|---|
| Matthew 1 | Colossians 1 | Exodus 40 | Psalms 90 |
| Matthew 2 | Colossians 2 | Leviticus 1 | Psalms 91 |
| Matthew 3 | Colossians 3 | Leviticus 2 | Psalms 92 |
| Matthew 4 | Colossians 4 | Leviticus 3 | Psalms 93 |
| Matthew 5 | 1 Thessalonians 1 | Leviticus 4 | Psalms 94 |
| Matthew 6 | 1 Thessalonians 2 | Leviticus 5 | Psalms 95 |
| Matthew 7 | 1 Thessalonians 3 | Leviticus 6 | Psalms 96 |
| Matthew 8 | 1 Thessalonians 4 | Leviticus 7 | Psalms 97 |
| Matthew 9 | 1 Thessalonians 5 | Leviticus 8 | Psalms 98 |
| Matthew 10 | 2 Thessalonians 1 | Leviticus 9 | Psalms 99 |
| Matthew 11 | 2 Thessalonians 2 | Leviticus 10 | Psalms 100 |
| Matthew 12 | 2 Thessalonians 3 | Leviticus 11 | Psalms 101 |
| Matthew 13 | 1 Timothy 1 | Leviticus 12 | Psalms 102 |
| Matthew 14 | 1 Timothy 2 | Leviticus 13 | Psalms 103 |
| Matthew 15 | 1 Timothy 3 | Leviticus 14 | Psalms 104 |
| Matthew 16 | 1 Timothy 4 | Leviticus 15 | Psalms 105 |
| Matthew 17 | 1 Timothy 5 | Leviticus 16 | Psalms 106 |
| Matthew 18 | 1 Timothy 6 | Leviticus 17 | Psalms 107 |
| Matthew 19 | 2 Timothy 1 | Leviticus 18 | Psalms 108 |
| Matthew 20 | 2 Timothy 2 | Leviticus 19 | Psalms 109 |
| Matthew 21 | 2 Timothy 3 | Leviticus 20 | Psalms 110 |
| Matthew 22 | 2 Timothy 4 | Leviticus 21 | Psalms 111 |
| Matthew 23 | Titus 1 | Leviticus 22 | Psalms 112 |
| Matthew 24 | Titus 2 | Leviticus 23 | Psalms 113 |
| Matthew 25 | Titus 3 | Leviticus 24 | Psalms 114 |
| Matthew 26 | Philemon | Leviticus 25 | Psalms 115 |
| Matthew 27 | Hebrews 1 | Leviticus 26 | Psalms 116 |
| Matthew 28 | Hebrews 2 | Leviticus 27 | Psalms 117 |
| Mark 1 | Hebrews 3 | Numbers 1 | Psalms 118 |
| Mark 2 | Hebrews 4 | Numbers 2 | Psalms 119 |
| Mark 3 | Hebrews 5 | Numbers 3 | Psalms 120 |
| Mark 4 | Hebrews 6 | Numbers 4 | Psalms 121 |
| Mark 5 | Hebrews 7 | Numbers 5 | Psalms 122 |
| Mark 6 | Hebrews 8 | Numbers 6 | Psalms 123 |
| Mark 7 | Hebrews 9 | Numbers 7 | Psalms 124 |
| Mark 8 | Hebrews 10 | Numbers 8 | Psalms 125 |
| Mark 9 | Hebrews 11 | Numbers 9 | Psalms 126 |
| Mark 10 | Hebrews 12 | Numbers 10 | Psalms 127 |
| Mark 11 | Hebrews 13 | Numbers 11 | Psalms 128 |
| Mark 12 | James 1 | Numbers 12 | Psalms 129 |
| Mark 13 | James 2 | Numbers 13 | Psalms 130 |
| Mark 14 | James 3 | Numbers 14 | Psalms 131 |
| Mark 15 | James 4 | Numbers 15 | Psalms 132 |
| Mark 16 | James 5 | Numbers 16 | Psalms 133 |
| Luke 1 | 1 Peter 1 | Numbers 17 | Psalms 134 |

| The Gospels | Acts – Revelation | Genesis – Job | Psalms – Malachi |
|---|---|---|---|
| Luke 2 | 1 Peter 2 | Numbers 18 | Psalms 135 |
| Luke 3 | 1 Peter 3 | Numbers 19 | Psalms 136 |
| Luke 4 | 1 Peter 4 | Numbers 20 | Psalms 137 |
| Luke 5 | 1 Peter 5 | Numbers 21 | Psalms 138 |
| Luke 6 | 2 Peter 1 | Numbers 22 | Psalms 139 |
| Luke 7 | 2 Peter 2 | Numbers 23 | Psalms 140 |
| Luke 8 | 2 Peter 3 | Numbers 24 | Psalms 141 |
| Luke 9 | 1 John 1 | Numbers 25 | Psalms 142 |
| Luke 10 | 1 John 2 | Numbers 26 | Psalms 143 |
| Luke 11 | 1 John 3 | Numbers 27 | Psalms 144 |
| Luke 12 | 1 John 4 | Numbers 28 | Psalms 145 |
| Luke 13 | 1 John 5 | Numbers 29 | Psalms 146 |
| Luke 14 | 2 John | Numbers 30 | Psalms 147 |
| Luke 15 | 3 John | Numbers 31 | Psalms 148 |
| Luke 16 | Jude | Numbers 32 | Psalms 149 |
| Luke 17 | Revelation 1 | Numbers 33 | Psalms 150 |
| Luke 18 | Revelation 2 | Numbers 34 | Proverbs 1 |
| Luke 19 | Revelation 3 | Numbers 35 | Proverbs 2 |
| Luke 20 | Revelation 4 | Numbers 36 | Proverbs 3 |
| Luke 21 | Revelation 5 | Deuteronomy 1 | Proverbs 4 |
| Luke 22 | Revelation 6 | Deuteronomy 2 | Proverbs 5 |
| Luke 23 | Revelation 7 | Deuteronomy 3 | Proverbs 6 |
| Luke 24 | Revelation 8 | Deuteronomy 4 | Proverbs 7 |
| John 1 | Revelation 9 | Deuteronomy 5 | Proverbs 8 |
| John 2 | Revelation 10 | Deuteronomy 6 | Proverbs 9 |
| John 3 | Revelation 11 | Deuteronomy 7 | Proverbs 10 |
| John 4 | Revelation 12 | Deuteronomy 8 | Proverbs 11 |
| John 5 | Revelation 13 | Deuteronomy 9 | Proverbs 12 |
| John 6 | Revelation 14 | Deuteronomy 10 | Proverbs 13 |
| John 7 | Revelation 15 | Deuteronomy 11 | Proverbs 14 |
| John 8 | Revelation 16 | Deuteronomy 12 | Proverbs 15 |
| John 9 | Revelation 17 | Deuteronomy 13 | Proverbs 16 |
| John 10 | Revelation 18 | Deuteronomy 14 | Proverbs 17 |
| John 11 | Revelation 19 | Deuteronomy 15 | Proverbs 18 |
| John 12 | Revelation 20 | Deuteronomy 16 | Proverbs 19 |
| John 13 | Revelation 21 | Deuteronomy 17 | Proverbs 20 |
| John 14 | Revelation 22 | Deuteronomy 18 | Proverbs 21 |
| John 15 | Acts 1 | Deuteronomy 19 | Proverbs 22 |
| John 16 | Acts 2 | Deuteronomy 20 | Proverbs 23 |
| John 17 | Acts 3 | Deuteronomy 21 | Proverbs 24 |
| John 18 | Acts 4 | Deuteronomy 22 | Proverbs 25 |
| John 19 | Acts 5 | Deuteronomy 23 | Proverbs 26 |
| John 20 | Acts 6 | Deuteronomy 24 | Proverbs 27 |
| John 21 | Acts 7 | Deuteronomy 25 | Proverbs 28 |
| Matthew 1 | Acts 8 | Deuteronomy 26 | Proverbs 29 |

| The Gospels | Acts – Revelation | Genesis – Job | Psalms – Malachi |
| --- | --- | --- | --- |
| Matthew 2 | Acts 9 | Deuteronomy 27 | Proverbs 30 |
| Matthew 3 | Acts 10 | Deuteronomy 28 | Proverbs 31 |
| Matthew 4 | Acts 11 | Deuteronomy 29 | Ecclesiastes 1 |
| Matthew 5 | Acts 12 | Deuteronomy 30 | Ecclesiastes 2 |
| Matthew 6 | Acts 13 | Deuteronomy 31 | Ecclesiastes 3 |
| Matthew 7 | Acts 14 | Deuteronomy 32 | Ecclesiastes 4 |
| Matthew 8 | Acts 15 | Deuteronomy 33 | Ecclesiastes 5 |
| Matthew 9 | Acts 16 | Deuteronomy 34 | Ecclesiastes 6 |
| Matthew 10 | Acts 17 | Joshua 1 | Ecclesiastes 7 |
| Matthew 11 | Acts 18 | Joshua 2 | Ecclesiastes 8 |
| Matthew 12 | Acts 19 | Joshua 3 | Ecclesiastes 9 |
| Matthew 13 | Acts 20 | Joshua 4 | Ecclesiastes 10 |
| Matthew 14 | Acts 21 | Joshua 5 | Ecclesiastes 11 |
| Matthew 15 | Acts 22 | Joshua 6 | Ecclesiastes 12 |
| Matthew 16 | Acts 23 | Joshua 7 | Song of Solomon 1 |
| Matthew 17 | Acts 24 | Joshua 8 | Song of Solomon 2 |
| Matthew 18 | Acts 25 | Joshua 9 | Song of Solomon 3 |
| Matthew 19 | Acts 26 | Joshua 10 | Song of Solomon 4 |
| Matthew 20 | Acts 27 | Joshua 11 | Song of Solomon 5 |
| Matthew 21 | Acts 28 | Joshua 12 | Song of Solomon 6 |
| Matthew 22 | Romans 1 | Joshua 13 | Song of Solomon 7 |
| Matthew 23 | Romans 2 | Joshua 14 | Song of Solomon 8 |
| Matthew 24 | Romans 3 | Joshua 15 | Isaiah 1 |
| Matthew 25 | Romans 4 | Joshua 16 | Isaiah 2 |
| Matthew 26 | Romans 5 | Joshua 17 | Isaiah 3 |
| Matthew 27 | Romans 6 | Joshua 18 | Isaiah 4 |
| Matthew 28 | Romans 7 | Joshua 19 | Isaiah 5 |
| Mark 1 | Romans 8 | Joshua 20 | Isaiah 6 |
| Mark 2 | Romans 9 | Joshua 21 | Isaiah 7 |
| Mark 3 | Romans 10 | Joshua 22 | Isaiah 8 |
| Mark 4 | Romans 11 | Joshua 23 | Isaiah 9 |
| Mark 5 | Romans 12 | Joshua 24 | Isaiah 10 |
| Mark 6 | Romans 13 | Judges 1 | Isaiah 11 |
| Mark 7 | Romans 14 | Judges 2 | Isaiah 12 |
| Mark 8 | Romans 15 | Judges 3 | Isaiah 13 |
| Mark 9 | Romans 16 | Judges 4 | Isaiah 14 |
| Mark 10 | 1 Corinthians 1 | Judges 5 | Isaiah 15 |
| Mark 11 | 1 Corinthians 2 | Judges 6 | Isaiah 16 |
| Mark 12 | 1 Corinthians 3 | Judges 7 | Isaiah 17 |
| Mark 13 | 1 Corinthians 4 | Judges 8 | Isaiah 18 |
| Mark 14 | 1 Corinthians 5 | Judges 9 | Isaiah 19 |
| Mark 15 | 1 Corinthians 6 | Judges 10 | Isaiah 20 |
| Mark 16 | 1 Corinthians 7 | Judges 11 | Isaiah 21 |
| Luke 1 | 1 Corinthians 8 | Judges 12 | Isaiah 22 |
| Luke 2 | 1 Corinthians 9 | Judges 13 | Isaiah 23 |

| The Gospels | Acts – Revelation | Genesis – Job | Psalms – Malachi |
|---|---|---|---|
| Luke 3 | 1 Corinthians 10 | Judges 14 | Isaiah 24 |
| Luke 4 | 1 Corinthians 11 | Judges 15 | Isaiah 25 |
| Luke 5 | 1 Corinthians 12 | Judges 16 | Isaiah 26 |
| Luke 6 | 1 Corinthians 13 | Judges 17 | Isaiah 27 |
| Luke 7 | 1 Corinthians 14 | Judges 18 | Isaiah 28 |
| Luke 8 | 1 Corinthians 15 | Judges 19 | Isaiah 29 |
| Luke 9 | 1 Corinthians 16 | Judges 20 | Isaiah 30 |
| Luke 10 | 2 Corinthians 1 | Judges 21 | Isaiah 31 |
| Luke 11 | 2 Corinthians 2 | Ruth 1 | Isaiah 32 |
| Luke 12 | 2 Corinthians 3 | Ruth 2 | Isaiah 33 |
| Luke 13 | 2 Corinthians 4 | Ruth 3 | Isaiah 34 |
| Luke 14 | 2 Corinthians 5 | Ruth 4 | Isaiah 35 |
| Luke 15 | 2 Corinthians 6 | 1 Samuel 1 | Isaiah 36 |
| Luke 16 | 2 Corinthians 7 | 1 Samuel 2 | Isaiah 37 |
| Luke 17 | 2 Corinthians 8 | 1 Samuel 3 | Isaiah 38 |
| Luke 18 | 2 Corinthians 9 | 1 Samuel 4 | Isaiah 39 |
| Luke 19 | 2 Corinthians 10 | 1 Samuel 5 | Isaiah 40 |
| Luke 20 | 2 Corinthians 11 | 1 Samuel 6 | Isaiah 41 |
| Luke 21 | 2 Corinthians 12 | 1 Samuel 7 | Isaiah 42 |
| Luke 22 | 2 Corinthians 13 | 1 Samuel 8 | Isaiah 43 |
| Luke 23 | Galatians 1 | 1 Samuel 9 | Isaiah 44 |
| Luke 24 | Galatians 2 | 1 Samuel 10 | Isaiah 45 |
| John 1 | Galatians 3 | 1 Samuel 11 | Isaiah 46 |
| John 2 | Galatians 4 | 1 Samuel 12 | Isaiah 47 |
| John 3 | Galatians 5 | 1 Samuel 13 | Isaiah 48 |
| John 4 | Galatians 6 | 1 Samuel 14 | Isaiah 49 |
| John 5 | Ephesians 1 | 1 Samuel 15 | Isaiah 50 |
| John 6 | Ephesians 2 | 1 Samuel 16 | Isaiah 51 |
| John 7 | Ephesians 3 | 1 Samuel 17 | Isaiah 52 |
| John 8 | Ephesians 4 | 1 Samuel 18 | Isaiah 53 |
| John 9 | Ephesians 5 | 1 Samuel 19 | Isaiah 54 |
| John 10 | Ephesians 6 | 1 Samuel 20 | Isaiah 55 |
| John 11 | Philippians 1 | 1 Samuel 21 | Isaiah 56 |
| John 12 | Philippians 2 | 1 Samuel 22 | Isaiah 57 |
| John 13 | Philippians 3 | 1 Samuel 23 | Isaiah 58 |
| John 14 | Philippians 4 | 1 Samuel 24 | Isaiah 59 |
| John 15 | Colossians 1 | 1 Samuel 25 | Isaiah 60 |
| John 16 | Colossians 2 | 1 Samuel 26 | Isaiah 61 |
| John 17 | Colossians 3 | 1 Samuel 27 | Isaiah 62 |
| John 18 | Colossians 4 | 1 Samuel 28 | Isaiah 63 |
| John 19 | 1 Thessalonians 1 | 1 Samuel 29 | Isaiah 64 |
| John 20 | 1 Thessalonians 2 | 1 Samuel 30 | Isaiah 65 |
| John 21 | 1 Thessalonians 3 | 1 Samuel 31 | Isaiah 66 |
| Matthew 1 | 1 Thessalonians 4 | 2 Samuel 1 | Jeremiah 1 |
| Matthew 2 | 1 Thessalonians 5 | 2 Samuel 2 | Jeremiah 2 |

| The Gospels | Acts – Revelation | Genesis – Job | Psalms – Malachi |
|---|---|---|---|
| Matthew 3 | 2 Thessalonians 1 | 2 Samuel 3 | Jeremiah 3 |
| Matthew 4 | 2 Thessalonians 2 | 2 Samuel 4 | Jeremiah 4 |
| Matthew 5 | 2 Thessalonians 3 | 2 Samuel 5 | Jeremiah 5 |
| Matthew 6 | 1 Timothy 1 | 2 Samuel 6 | Jeremiah 6 |
| Matthew 7 | 1 Timothy 2 | 2 Samuel 7 | Jeremiah 7 |
| Matthew 8 | 1 Timothy 3 | 2 Samuel 8 | Jeremiah 8 |
| Matthew 9 | 1 Timothy 4 | 2 Samuel 9 | Jeremiah 9 |
| Matthew 10 | 1 Timothy 5 | 2 Samuel 10 | Jeremiah 10 |
| Matthew 11 | 1 Timothy 6 | 2 Samuel 11 | Jeremiah 11 |
| Matthew 12 | 2 Timothy 1 | 2 Samuel 12 | Jeremiah 12 |
| Matthew 13 | 2 Timothy 2 | 2 Samuel 13 | Jeremiah 13 |
| Matthew 14 | 2 Timothy 3 | 2 Samuel 14 | Jeremiah 14 |
| Matthew 15 | 2 Timothy 4 | 2 Samuel 15 | Jeremiah 15 |
| Matthew 16 | Titus 1 | 2 Samuel 16 | Jeremiah 16 |
| Matthew 17 | Titus 2 | 2 Samuel 17 | Jeremiah 17 |
| Matthew 18 | Titus 3 | 2 Samuel 18 | Jeremiah 18 |
| Matthew 19 | Philemon | 2 Samuel 19 | Jeremiah 19 |
| Matthew 20 | Hebrews 1 | 2 Samuel 20 | Jeremiah 20 |
| Matthew 21 | Hebrews 2 | 2 Samuel 21 | Jeremiah 21 |
| Matthew 22 | Hebrews 3 | 2 Samuel 22 | Jeremiah 22 |
| Matthew 23 | Hebrews 4 | 2 Samuel 23 | Jeremiah 23 |
| Matthew 24 | Hebrews 5 | 2 Samuel 24 | Jeremiah 24 |
| Matthew 25 | Hebrews 6 | 1 Kings 1 | Jeremiah 25 |
| Matthew 26 | Hebrews 7 | 1 Kings 2 | Jeremiah 26 |
| Matthew 27 | Hebrews 8 | 1 Kings 3 | Jeremiah 27 |
| Matthew 28 | Hebrews 9 | 1 Kings 4 | Jeremiah 28 |
| Mark 1 | Hebrews 10 | 1 Kings 5 | Jeremiah 29 |
| Mark 2 | Hebrews 11 | 1 Kings 6 | Jeremiah 30 |
| Mark 3 | Hebrews 12 | 1 Kings 7 | Jeremiah 31 |
| Mark 4 | Hebrews 13 | 1 Kings 8 | Jeremiah 32 |
| Mark 5 | James 1 | 1 Kings 9 | Jeremiah 33 |
| Mark 6 | James 2 | 1 Kings 10 | Jeremiah 34 |
| Mark 7 | James 3 | 1 Kings 11 | Jeremiah 35 |
| Mark 8 | James 4 | 1 Kings 12 | Jeremiah 36 |
| Mark 9 | James 5 | 1 Kings 13 | Jeremiah 37 |
| Mark 10 | 1 Peter 1 | 1 Kings 14 | Jeremiah 38 |
| Mark 11 | 1 Peter 2 | 1 Kings 15 | Jeremiah 39 |
| Mark 12 | 1 Peter 3 | 1 Kings 16 | Jeremiah 40 |
| Mark 13 | 1 Peter 4 | 1 Kings 17 | Jeremiah 41 |
| Mark 14 | 1 Peter 5 | 1 Kings 18 | Jeremiah 42 |
| Mark 15 | 2 Peter 1 | 1 Kings 19 | Jeremiah 43 |
| Mark 16 | 2 Peter 2 | 1 Kings 20 | Jeremiah 44 |
| Luke 1 | 2 Peter 3 | 1 Kings 21 | Jeremiah 45 |
| Luke 2 | 1 John 1 | 1 Kings 22 | Jeremiah 46 |
| Luke 3 | 1 John 2 | 2 Kings 1 | Jeremiah 47 |

| The Gospels | Acts – Revelation | Genesis – Job | Psalms – Malachi |
|---|---|---|---|
| Luke 4 | 1 John 3 | 2 Kings 2 | Jeremiah 48 |
| Luke 5 | 1 John 4 | 2 Kings 3 | Jeremiah 49 |
| Luke 6 | 1 John 5 | 2 Kings 4 | Jeremiah 50 |
| Luke 7 | 2 John | 2 Kings 5 | Jeremiah 51 |
| Luke 8 | 3 John | 2 Kings 6 | Jeremiah 52 |
| Luke 9 | Jude | 2 Kings 7 | Lamentations 1 |
| Luke 10 | Revelation 1 | 2 Kings 8 | Lamentations 2 |
| Luke 11 | Revelation 2 | 2 Kings 9 | Lamentations 3 |
| Luke 12 | Revelation 3 | 2 Kings 10 | Lamentations 4 |
| Luke 13 | Revelation 4 | 2 Kings 11 | Lamentations 5 |
| Luke 14 | Revelation 5 | 2 Kings 12 | Ezekiel 1 |
| Luke 15 | Revelation 6 | 2 Kings 13 | Ezekiel 2 |
| Luke 16 | Revelation 7 | 2 Kings 14 | Ezekiel 3 |
| Luke 17 | Revelation 8 | 2 Kings 15 | Ezekiel 4 |
| Luke 18 | Revelation 9 | 2 Kings 16 | Ezekiel 5 |
| Luke 19 | Revelation 10 | 2 Kings 17 | Ezekiel 6 |
| Luke 20 | Revelation 11 | 2 Kings 18 | Ezekiel 7 |
| Luke 21 | Revelation 12 | 2 Kings 19 | Ezekiel 8 |
| Luke 22 | Revelation 13 | 2 Kings 20 | Ezekiel 9 |
| Luke 23 | Revelation 14 | 2 Kings 21 | Ezekiel 10 |
| Luke 24 | Revelation 15 | 2 Kings 22 | Ezekiel 11 |
| John 1 | Revelation 16 | 2 Kings 23 | Ezekiel 12 |
| John 2 | Revelation 17 | 2 Kings 24 | Ezekiel 13 |
| John 3 | Revelation 18 | 2 Kings 25 | Ezekiel 14 |
| John 4 | Revelation 19 | 1 Chronicles 1 | Ezekiel 15 |
| John 5 | Revelation 20 | 1 Chronicles 2 | Ezekiel 16 |
| John 6 | Revelation 21 | 1 Chronicles 3 | Ezekiel 17 |
| John 7 | Revelation 22 | 1 Chronicles 4 | Ezekiel 18 |
| John 8 | Acts 1 | 1 Chronicles 5 | Ezekiel 19 |
| John 9 | Acts 2 | 1 Chronicles 6 | Ezekiel 20 |
| John 10 | Acts 3 | 1 Chronicles 7 | Ezekiel 21 |
| John 11 | Acts 4 | 1 Chronicles 8 | Ezekiel 22 |
| John 12 | Acts 5 | 1 Chronicles 9 | Ezekiel 23 |
| John 13 | Acts 6 | 1 Chronicles 10 | Ezekiel 24 |
| John 14 | Acts 7 | 1 Chronicles 11 | Ezekiel 25 |
| John 15 | Acts 8 | 1 Chronicles 12 | Ezekiel 26 |
| John 16 | Acts 9 | 1 Chronicles 13 | Ezekiel 27 |
| John 17 | Acts 10 | 1 Chronicles 14 | Ezekiel 28 |
| John 18 | Acts 11 | 1 Chronicles 15 | Ezekiel 29 |
| John 19 | Acts 12 | 1 Chronicles 16 | Ezekiel 30 |
| John 20 | Acts 13 | 1 Chronicles 17 | Ezekiel 31 |
| John 21 | Acts 14 | 1 Chronicles 18 | Ezekiel 32 |
| Matthew 1 | Acts 15 | 1 Chronicles 19 | Ezekiel 33 |
| Matthew 2 | Acts 16 | 1 Chronicles 20 | Ezekiel 34 |
| Matthew 3 | Acts 17 | 1 Chronicles 21 | Ezekiel 35 |

| The Gospels | Acts – Revelation | Genesis – Job | Psalms – Malachi |
|---|---|---|---|
| Matthew 4 | Acts 18 | 1 Chronicles 22 | Ezekiel 36 |
| Matthew 5 | Acts 19 | 1 Chronicles 23 | Ezekiel 37 |
| Matthew 6 | Acts 20 | 1 Chronicles 24 | Ezekiel 38 |
| Matthew 7 | Acts 21 | 1 Chronicles 25 | Ezekiel 39 |
| Matthew 8 | Acts 22 | 1 Chronicles 26 | Ezekiel 40 |
| Matthew 9 | Acts 23 | 1 Chronicles 27 | Ezekiel 41 |
| Matthew 10 | Acts 24 | 1 Chronicles 28 | Ezekiel 42 |
| Matthew 11 | Acts 25 | 1 Chronicles 29 | Ezekiel 43 |
| Matthew 12 | Acts 26 | 2 Chronicles 1 | Ezekiel 44 |
| Matthew 13 | Acts 27 | 2 Chronicles 2 | Ezekiel 45 |
| Matthew 14 | Acts 28 | 2 Chronicles 3 | Ezekiel 46 |
| Matthew 15 | Romans 1 | 2 Chronicles 4 | Ezekiel 47 |
| Matthew 16 | Romans 2 | 2 Chronicles 5 | Ezekiel 48 |
| Matthew 17 | Romans 3 | 2 Chronicles 6 | Daniel 1 |
| Matthew 18 | Romans 4 | 2 Chronicles 7 | Daniel 2 |
| Matthew 19 | Romans 5 | 2 Chronicles 8 | Daniel 3 |
| Matthew 20 | Romans 6 | 2 Chronicles 9 | Daniel 4 |
| Matthew 21 | Romans 7 | 2 Chronicles 10 | Daniel 5 |
| Matthew 22 | Romans 8 | 2 Chronicles 11 | Daniel 6 |
| Matthew 23 | Romans 9 | 2 Chronicles 12 | Daniel 7 |
| Matthew 24 | Romans 10 | 2 Chronicles 13 | Daniel 8 |
| Matthew 25 | Romans 11 | 2 Chronicles 14 | Daniel 9 |
| Matthew 26 | Romans 12 | 2 Chronicles 15 | Daniel 10 |
| Matthew 27 | Romans 13 | 2 Chronicles 16 | Daniel 11 |
| Matthew 28 | Romans 14 | 2 Chronicles 17 | Daniel 12 |
| Mark 1 | Romans 15 | 2 Chronicles 18 | Hosea 1 |
| Mark 2 | Romans 16 | 2 Chronicles 19 | Hosea 2 |
| Mark 3 | 1 Corinthians 1 | 2 Chronicles 20 | Hosea 3 |
| Mark 4 | 1 Corinthians 2 | 2 Chronicles 21 | Hosea 4 |
| Mark 5 | 1 Corinthians 3 | 2 Chronicles 22 | Hosea 5 |
| Mark 6 | 1 Corinthians 4 | 2 Chronicles 23 | Hosea 6 |
| Mark 7 | 1 Corinthians 5 | 2 Chronicles 24 | Hosea 7 |
| Mark 8 | 1 Corinthians 6 | 2 Chronicles 25 | Hosea 8 |
| Mark 9 | 1 Corinthians 7 | 2 Chronicles 26 | Hosea 9 |
| Mark 10 | 1 Corinthians 8 | 2 Chronicles 27 | Hosea 10 |
| Mark 11 | 1 Corinthians 9 | 2 Chronicles 28 | Hosea 11 |
| Mark 12 | 1 Corinthians 10 | 2 Chronicles 29 | Hosea 12 |
| Mark 13 | 1 Corinthians 11 | 2 Chronicles 30 | Hosea 13 |
| Mark 14 | 1 Corinthians 12 | 2 Chronicles 31 | Hosea 14 |
| Mark 15 | 1 Corinthians 13 | 2 Chronicles 32 | Joel 1 |
| Mark 16 | 1 Corinthians 14 | 2 Chronicles 33 | Joel 2 |
| Luke 1 | 1 Corinthians 15 | 2 Chronicles 34 | Joel 3 |
| Luke 2 | 1 Corinthians 16 | 2 Chronicles 35 | Amos 1 |
| Luke 3 | 2 Corinthians 1 | 2 Chronicles 36 | Amos 2 |
| Luke 4 | 2 Corinthians 2 | Ezra 1 | Amos 3 |

| The Gospels | Acts – Revelation | Genesis – Job | Psalms – Malachi |
| --- | --- | --- | --- |
| Luke 5 | 2 Corinthians 3 | Ezra 2 | Amos 4 |
| Luke 6 | 2 Corinthians 4 | Ezra 3 | Amos 5 |
| Luke 7 | 2 Corinthians 5 | Ezra 4 | Amos 6 |
| Luke 8 | 2 Corinthians 6 | Ezra 5 | Amos 7 |
| Luke 9 | 2 Corinthians 7 | Ezra 6 | Amos 8 |
| Luke 10 | 2 Corinthians 8 | Ezra 7 | Amos 9 |
| Luke 11 | 2 Corinthians 9 | Ezra 8 | Obadiah |
| Luke 12 | 2 Corinthians 10 | Ezra 9 | Jonah 1 |
| Luke 13 | 2 Corinthians 11 | Ezra 10 | Jonah 2 |
| Luke 14 | 2 Corinthians 12 | Nehemiah 1 | Jonah 3 |
| Luke 15 | 2 Corinthians 13 | Nehemiah 2 | Jonah 4 |
| Luke 16 | Galatians 1 | Nehemiah 3 | Micah 1 |
| Luke 17 | Galatians 2 | Nehemiah 4 | Micah 2 |
| Luke 18 | Galatians 3 | Nehemiah 5 | Micah 3 |
| Luke 19 | Galatians 4 | Nehemiah 6 | Micah 4 |
| Luke 20 | Galatians 5 | Nehemiah 7 | Micah 5 |
| Luke 21 | Galatians 6 | Nehemiah 8 | Micah 6 |
| Luke 22 | Ephesians 1 | Nehemiah 9 | Micah 7 |
| Luke 23 | Ephesians 2 | Nehemiah 10 | Nahum 1 |
| Luke 24 | Ephesians 3 | Nehemiah 11 | Nahum 2 |
| John 1 | Ephesians 4 | Nehemiah 12 | Nahum 3 |
| John 2 | Ephesians 5 | Nehemiah 13 | Habakkuk 1 |
| John 3 | Ephesians 6 | Esther 1 | Habakkuk 2 |
| John 4 | Philippians 1 | Esther 2 | Habakkuk 3 |
| John 5 | Philippians 2 | Esther 3 | Zephaniah 1 |
| John 6 | Philippians 3 | Esther 4 | Zephaniah 2 |
| John 7 | Philippians 4 | Esther 5 | Zephaniah 3 |
| John 8 | Colossians 1 | Esther 6 | Haggai 1 |
| John 9 | Colossians 2 | Esther 7 | Haggai 2 |
| John 10 | Colossians 3 | Esther 8 | Zechariah 1 |
| John 11 | Colossians 4 | Esther 9 | Zechariah 2 |
| John 12 | 1 Thessalonians 1 | Esther 10 | Zechariah 3 |
| John 13 | 1 Thessalonians 2 | Job 1 | Zechariah 4 |
| John 14 | 1 Thessalonians 3 | Job 2 | Zechariah 5 |
| John 15 | 1 Thessalonians 4 | Job 3 | Zechariah 6 |
| John 16 | 1 Thessalonians 5 | Job 4 | Zechariah 7 |
| John 17 | 2 Thessalonians 1 | Job 5 | Zechariah 8 |
| John 18 | 2 Thessalonians 2 | Job 6 | Zechariah 9 |
| John 19 | 2 Thessalonians 3 | Job 7 | Zechariah 10 |
| John 20 | 1 Timothy 1 | Job 8 | Zechariah 11 |
| John 21 | 1 Timothy 2 | Job 9 | Zechariah 12 |
| Matthew 1 | 1 Timothy 3 | Job 10 | Zechariah 13 |
| Matthew 2 | 1 Timothy 4 | Job 11 | Zechariah 14 |
| Matthew 3 | 1 Timothy 5 | Job 12 | Malachi 1 |
| Matthew 4 | 1 Timothy 6 | Job 13 | Malachi 2 |

| The Gospels | Acts – Revelation | Genesis – Job | Psalms – Malachi |
|---|---|---|---|
| Matthew 5 | 2 Timothy 1 | Job 14 | Malachi 3 |
| Matthew 6 | 2 Timothy 2 | Job 15 | Malachi 4 |
| Matthew 7 | 2 Timothy 3 | Job 16 | Psalms 1 |
| Matthew 8 | 2 Timothy 4 | Job 17 | Psalms 2 |
| Matthew 9 | Titus 1 | Job 18 | Psalms 3 |
| Matthew 10 | Titus 2 | Job 19 | Psalms 4 |
| Matthew 11 | Titus 3 | Job 20 | Psalms 5 |
| Matthew 12 | Philemon | Job 21 | Psalms 6 |
| Matthew 13 | Hebrews 1 | Job 22 | Psalms 7 |
| Matthew 14 | Hebrews 2 | Job 23 | Psalms 8 |
| Matthew 15 | Hebrews 3 | Job 24 | Psalms 9 |
| Matthew 16 | Hebrews 4 | Job 25 | Psalms 10 |
| Matthew 17 | Hebrews 5 | Job 26 | Psalms 11 |
| Matthew 18 | Hebrews 6 | Job 27 | Psalms 12 |
| Matthew 19 | Hebrews 7 | Job 28 | Psalms 13 |
| Matthew 20 | Hebrews 8 | Job 29 | Psalms 14 |
| Matthew 21 | Hebrews 9 | Job 30 | Psalms 15 |
| Matthew 22 | Hebrews 10 | Job 31 | Psalms 16 |
| Matthew 23 | Hebrews 11 | Job 32 | Psalms 17 |
| Matthew 24 | Hebrews 12 | Job 33 | Psalms 18 |
| Matthew 25 | Hebrews 13 | Job 34 | Psalms 19 |
| Matthew 26 | James 1 | Job 35 | Psalms 20 |
| Matthew 27 | James 2 | Job 36 | Psalms 21 |
| Matthew 28 | James 3 | Job 37 | Psalms 22 |
| Mark 1 | James 4 | Job 38 | Psalms 23 |
| Mark 2 | James 5 | Job 39 | Psalms 24 |
| Mark 3 | 1 Peter 1 | Job 40 | Psalms 25 |
| Mark 4 | 1 Peter 2 | Job 41 | Psalms 26 |
| Mark 5 | 1 Peter 3 | Job 42 | Psalms 27 |
| Mark 6 | 1 Peter 4 | Genesis 1 | Psalms 28 |
| Mark 7 | 1 Peter 5 | Genesis 2 | Psalms 29 |
| Mark 8 | 2 Peter 1 | Genesis 3 | Psalms 30 |
| Mark 9 | 2 Peter 2 | Genesis 4 | Psalms 31 |
| Mark 10 | 2 Peter 3 | Genesis 5 | Psalms 32 |
| Mark 11 | 1 John 1 | Genesis 6 | Psalms 33 |
| Mark 12 | 1 John 2 | Genesis 7 | Psalms 34 |
| Mark 13 | 1 John 3 | Genesis 8 | Psalms 35 |
| Mark 14 | 1 John 4 | Genesis 9 | Psalms 36 |
| Mark 15 | 1 John 5 | Genesis 10 | Psalms 37 |
| Mark 16 | 2 John | Genesis 11 | Psalms 38 |
| Luke 1 | 3 John | Genesis 12 | Psalms 39 |
| Luke 2 | Jude | Genesis 13 | Psalms 40 |
| Luke 3 | Revelation 1 | Genesis 14 | Psalms 41 |
| Luke 4 | Revelation 2 | Genesis 15 | Psalms 42 |
| Luke 5 | Revelation 3 | Genesis 16 | Psalms 43 |

| The Gospels | Acts – Revelation | Genesis – Job | Psalms – Malachi |
|---|---|---|---|
| Luke 6 | Revelation 4 | Genesis 17 | Psalms 44 |
| Luke 7 | Revelation 5 | Genesis 18 | Psalms 45 |
| Luke 8 | Revelation 6 | Genesis 19 | Psalms 46 |
| Luke 9 | Revelation 7 | Genesis 20 | Psalms 47 |
| Luke 10 | Revelation 8 | Genesis 21 | Psalms 48 |
| Luke 11 | Revelation 9 | Genesis 22 | Psalms 49 |
| Luke 12 | Revelation 10 | Genesis 23 | Psalms 50 |
| Luke 13 | Revelation 11 | Genesis 24 | Psalms 51 |
| Luke 14 | Revelation 12 | Genesis 25 | Psalms 52 |
| Luke 15 | Revelation 13 | Genesis 26 | Psalms 53 |
| Luke 16 | Revelation 14 | Genesis 27 | Psalms 54 |
| Luke 17 | Revelation 15 | Genesis 28 | Psalms 55 |
| Luke 18 | Revelation 16 | Genesis 29 | Psalms 56 |
| Luke 19 | Revelation 17 | Genesis 30 | Psalms 57 |
| Luke 20 | Revelation 18 | Genesis 31 | Psalms 58 |
| Luke 21 | Revelation 19 | Genesis 32 | Psalms 59 |
| Luke 22 | Revelation 20 | Genesis 33 | Psalms 60 |
| Luke 23 | Revelation 21 | Genesis 34 | Psalms 61 |
| Luke 24 | Revelation 22 | Genesis 35 | Psalms 62 |
| John 1 | Acts 1 | Genesis 36 | Psalms 63 |
| John 2 | Acts 2 | Genesis 37 | Psalms 64 |
| John 3 | Acts 3 | Genesis 38 | Psalms 65 |
| John 4 | Acts 4 | Genesis 39 | Psalms 66 |
| John 5 | Acts 5 | Genesis 40 | Psalms 67 |
| John 6 | Acts 6 | Genesis 41 | Psalms 68 |
| John 7 | Acts 7 | Genesis 42 | Psalms 69 |
| John 8 | Acts 8 | Genesis 43 | Psalms 70 |
| John 9 | Acts 9 | Genesis 44 | Psalms 71 |
| John 10 | Acts 10 | Genesis 45 | Psalms 72 |
| John 11 | Acts 11 | Genesis 46 | Psalms 73 |
| John 12 | Acts 12 | Genesis 47 | Psalms 74 |
| John 13 | Acts 13 | Genesis 48 | Psalms 75 |
| John 14 | Acts 14 | Genesis 49 | Psalms 76 |
| John 15 | Acts 15 | Genesis 50 | Psalms 77 |
| John 16 | Acts 16 | Exodus 1 | Psalms 78 |
| John 17 | Acts 17 | Exodus 2 | Psalms 79 |
| John 18 | Acts 18 | Exodus 3 | Psalms 80 |
| John 19 | Acts 19 | Exodus 4 | Psalms 81 |
| John 20 | Acts 20 | Exodus 5 | Psalms 82 |
| John 21 | Acts 21 | Exodus 6 | Psalms 83 |
| Matthew 1 | Acts 22 | Exodus 7 | Psalms 84 |
| Matthew 2 | Acts 23 | Exodus 8 | Psalms 85 |
| Matthew 3 | Acts 24 | Exodus 9 | Psalms 86 |
| Matthew 4 | Acts 25 | Exodus 10 | Psalms 87 |
| Matthew 5 | Acts 26 | Exodus 11 | Psalms 88 |

| The Gospels | Acts – Revelation | Genesis – Job | Psalms – Malachi |
|---|---|---|---|
| Matthew 6 | Acts 27 | Exodus 12 | Psalms 89 |
| Matthew 7 | Acts 28 | Exodus 13 | Psalms 90 |
| Matthew 8 | Romans 1 | Exodus 14 | Psalms 91 |
| Matthew 9 | Romans 2 | Exodus 15 | Psalms 92 |
| Matthew 10 | Romans 3 | Exodus 16 | Psalms 93 |
| Matthew 11 | Romans 4 | Exodus 17 | Psalms 94 |
| Matthew 12 | Romans 5 | Exodus 18 | Psalms 95 |
| Matthew 13 | Romans 6 | Exodus 19 | Psalms 96 |
| Matthew 14 | Romans 7 | Exodus 20 | Psalms 97 |
| Matthew 15 | Romans 8 | Exodus 21 | Psalms 98 |
| Matthew 16 | Romans 9 | Exodus 22 | Psalms 99 |
| Matthew 17 | Romans 10 | Exodus 23 | Psalms 100 |
| Matthew 18 | Romans 11 | Exodus 24 | Psalms 101 |
| Matthew 19 | Romans 12 | Exodus 25 | Psalms 102 |
| Matthew 20 | Romans 13 | Exodus 26 | Psalms 103 |
| Matthew 21 | Romans 14 | Exodus 27 | Psalms 104 |
| Matthew 22 | Romans 15 | Exodus 28 | Psalms 105 |
| Matthew 23 | Romans 16 | Exodus 29 | Psalms 106 |
| Matthew 24 | 1 Corinthians 1 | Exodus 30 | Psalms 107 |
| Matthew 25 | 1 Corinthians 2 | Exodus 31 | Psalms 108 |
| Matthew 26 | 1 Corinthians 3 | Exodus 32 | Psalms 109 |
| Matthew 27 | 1 Corinthians 4 | Exodus 33 | Psalms 110 |
| Matthew 28 | 1 Corinthians 5 | Exodus 34 | Psalms 111 |
| Mark 1 | 1 Corinthians 6 | Exodus 35 | Psalms 112 |
| Mark 2 | 1 Corinthians 7 | Exodus 36 | Psalms 113 |
| Mark 3 | 1 Corinthians 8 | Exodus 37 | Psalms 114 |
| Mark 4 | 1 Corinthians 9 | Exodus 38 | Psalms 115 |
| Mark 5 | 1 Corinthians 10 | Exodus 39 | Psalms 116 |
| Mark 6 | 1 Corinthians 11 | Exodus 40 | Psalms 117 |
| Mark 7 | 1 Corinthians 12 | Leviticus 1 | Psalms 118 |
| Mark 8 | 1 Corinthians 13 | Leviticus 2 | Psalms 119 |
| Mark 9 | 1 Corinthians 14 | Leviticus 3 | Psalms 120 |
| Mark 10 | 1 Corinthians 15 | Leviticus 4 | Psalms 121 |
| Mark 11 | 1 Corinthians 16 | Leviticus 5 | Psalms 122 |
| Mark 12 | 2 Corinthians 1 | Leviticus 6 | Psalms 123 |
| Mark 13 | 2 Corinthians 2 | Leviticus 7 | Psalms 124 |
| Mark 14 | 2 Corinthians 3 | Leviticus 8 | Psalms 125 |
| Mark 15 | 2 Corinthians 4 | Leviticus 9 | Psalms 126 |
| Mark 16 | 2 Corinthians 5 | Leviticus 10 | Psalms 127 |
| Luke 1 | 2 Corinthians 6 | Leviticus 11 | Psalms 128 |
| Luke 2 | 2 Corinthians 7 | Leviticus 12 | Psalms 129 |
| Luke 3 | 2 Corinthians 8 | Leviticus 13 | Psalms 130 |
| Luke 4 | 2 Corinthians 9 | Leviticus 14 | Psalms 131 |
| Luke 5 | 2 Corinthians 10 | Leviticus 15 | Psalms 132 |
| Luke 6 | 2 Corinthians 11 | Leviticus 16 | Psalms 133 |

| The Gospels | Acts – Revelation | Genesis – Job | Psalms – Malachi |
|---|---|---|---|
| Luke 7 | 2 Corinthians 12 | Leviticus 17 | Psalms 134 |
| Luke 8 | 2 Corinthians 13 | Leviticus 18 | Psalms 135 |
| Luke 9 | Galatians 1 | Leviticus 19 | Psalms 136 |
| Luke 10 | Galatians 2 | Leviticus 20 | Psalms 137 |
| Luke 11 | Galatians 3 | Leviticus 21 | Psalms 138 |
| Luke 12 | Galatians 4 | Leviticus 22 | Psalms 139 |
| Luke 13 | Galatians 5 | Leviticus 23 | Psalms 140 |
| Luke 14 | Galatians 6 | Leviticus 24 | Psalms 141 |
| Luke 15 | Ephesians 1 | Leviticus 25 | Psalms 142 |
| Luke 16 | Ephesians 2 | Leviticus 26 | Psalms 143 |
| Luke 17 | Ephesians 3 | Leviticus 27 | Psalms 144 |
| Luke 18 | Ephesians 4 | Numbers 1 | Psalms 145 |
| Luke 19 | Ephesians 5 | Numbers 2 | Psalms 146 |
| Luke 20 | Ephesians 6 | Numbers 3 | Psalms 147 |
| Luke 21 | Philippians 1 | Numbers 4 | Psalms 148 |
| Luke 22 | Philippians 2 | Numbers 5 | Psalms 149 |
| Luke 23 | Philippians 3 | Numbers 6 | Psalms 150 |
| Luke 24 | Philippians 4 | Numbers 7 | Proverbs 1 |
| John 1 | Colossians 1 | Numbers 8 | Proverbs 2 |
| John 2 | Colossians 2 | Numbers 9 | Proverbs 3 |
| John 3 | Colossians 3 | Numbers 10 | Proverbs 4 |
| John 4 | Colossians 4 | Numbers 11 | Proverbs 5 |
| John 5 | 1 Thessalonians 1 | Numbers 12 | Proverbs 6 |
| John 6 | 1 Thessalonians 2 | Numbers 13 | Proverbs 7 |
| John 7 | 1 Thessalonians 3 | Numbers 14 | Proverbs 8 |
| John 8 | 1 Thessalonians 4 | Numbers 15 | Proverbs 9 |
| John 9 | 1 Thessalonians 5 | Numbers 16 | Proverbs 10 |
| John 10 | 2 Thessalonians 1 | Numbers 17 | Proverbs 11 |
| John 11 | 2 Thessalonians 2 | Numbers 18 | Proverbs 12 |
| John 12 | 2 Thessalonians 3 | Numbers 19 | Proverbs 13 |
| John 13 | 1 Timothy 1 | Numbers 20 | Proverbs 14 |
| John 14 | 1 Timothy 2 | Numbers 21 | Proverbs 15 |
| John 15 | 1 Timothy 3 | Numbers 22 | Proverbs 16 |
| John 16 | 1 Timothy 4 | Numbers 23 | Proverbs 17 |
| John 17 | 1 Timothy 5 | Numbers 24 | Proverbs 18 |
| John 18 | 1 Timothy 6 | Numbers 25 | Proverbs 19 |
| John 19 | 2 Timothy 1 | Numbers 26 | Proverbs 20 |
| John 20 | 2 Timothy 2 | Numbers 27 | Proverbs 21 |
| John 21 | 2 Timothy 3 | Numbers 28 | Proverbs 22 |
| Matthew 1 | 2 Timothy 4 | Numbers 29 | Proverbs 23 |
| Matthew 2 | Titus 1 | Numbers 30 | Proverbs 24 |
| Matthew 3 | Titus 2 | Numbers 31 | Proverbs 25 |
| Matthew 4 | Titus 3 | Numbers 32 | Proverbs 26 |
| Matthew 5 | Philemon | Numbers 33 | Proverbs 27 |
| Matthew 6 | Hebrews 1 | Numbers 34 | Proverbs 28 |

| The Gospels | Acts – Revelation | Genesis – Job | Psalms – Malachi |
|---|---|---|---|
| Matthew 7 | Hebrews 2 | Numbers 35 | Proverbs 29 |
| Matthew 8 | Hebrews 3 | Numbers 36 | Proverbs 30 |
| Matthew 9 | Hebrews 4 | Deuteronomy 1 | Proverbs 31 |
| Matthew 10 | Hebrews 5 | Deuteronomy 2 | Ecclesiastes 1 |
| Matthew 11 | Hebrews 6 | Deuteronomy 3 | Ecclesiastes 2 |
| Matthew 12 | Hebrews 7 | Deuteronomy 4 | Ecclesiastes 3 |
| Matthew 13 | Hebrews 8 | Deuteronomy 5 | Ecclesiastes 4 |
| Matthew 14 | Hebrews 9 | Deuteronomy 6 | Ecclesiastes 5 |
| Matthew 15 | Hebrews 10 | Deuteronomy 7 | Ecclesiastes 6 |
| Matthew 16 | Hebrews 11 | Deuteronomy 8 | Ecclesiastes 7 |
| Matthew 17 | Hebrews 12 | Deuteronomy 9 | Ecclesiastes 8 |
| Matthew 18 | Hebrews 13 | Deuteronomy 10 | Ecclesiastes 9 |
| Matthew 19 | James 1 | Deuteronomy 11 | Ecclesiastes 10 |
| Matthew 20 | James 2 | Deuteronomy 12 | Ecclesiastes 11 |
| Matthew 21 | James 3 | Deuteronomy 13 | Ecclesiastes 12 |
| Matthew 22 | James 4 | Deuteronomy 14 | Song of Solomon 1 |
| Matthew 23 | James 5 | Deuteronomy 15 | Song of Solomon 2 |
| Matthew 24 | 1 Peter 1 | Deuteronomy 16 | Song of Solomon 3 |
| Matthew 25 | 1 Peter 2 | Deuteronomy 17 | Song of Solomon 4 |
| Matthew 26 | 1 Peter 3 | Deuteronomy 18 | Song of Solomon 5 |
| Matthew 27 | 1 Peter 4 | Deuteronomy 19 | Song of Solomon 6 |
| Matthew 28 | 1 Peter 5 | Deuteronomy 20 | Song of Solomon 7 |
| Mark 1 | 2 Peter 1 | Deuteronomy 21 | Song of Solomon 8 |
| Mark 2 | 2 Peter 2 | Deuteronomy 22 | Isaiah 1 |
| Mark 3 | 2 Peter 3 | Deuteronomy 23 | Isaiah 2 |
| Mark 4 | 1 John 1 | Deuteronomy 24 | Isaiah 3 |
| Mark 5 | 1 John 2 | Deuteronomy 25 | Isaiah 4 |
| Mark 6 | 1 John 3 | Deuteronomy 26 | Isaiah 5 |
| Mark 7 | 1 John 4 | Deuteronomy 27 | Isaiah 6 |
| Mark 8 | 1 John 5 | Deuteronomy 28 | Isaiah 7 |
| Mark 9 | 2 John | Deuteronomy 29 | Isaiah 8 |
| Mark 10 | 3 John | Deuteronomy 30 | Isaiah 9 |
| Mark 11 | Jude | Deuteronomy 31 | Isaiah 10 |
| Mark 12 | Revelation 1 | Deuteronomy 32 | Isaiah 11 |
| Mark 13 | Revelation 2 | Deuteronomy 33 | Isaiah 12 |
| Mark 14 | Revelation 3 | Deuteronomy 34 | Isaiah 13 |
| Mark 15 | Revelation 4 | Joshua 1 | Isaiah 14 |
| Mark 16 | Revelation 5 | Joshua 2 | Isaiah 15 |
| Luke 1 | Revelation 6 | Joshua 3 | Isaiah 16 |
| Luke 2 | Revelation 7 | Joshua 4 | Isaiah 17 |
| Luke 3 | Revelation 8 | Joshua 5 | Isaiah 18 |
| Luke 4 | Revelation 9 | Joshua 6 | Isaiah 19 |
| Luke 5 | Revelation 10 | Joshua 7 | Isaiah 20 |
| Luke 6 | Revelation 11 | Joshua 8 | Isaiah 21 |
| Luke 7 | Revelation 12 | Joshua 9 | Isaiah 22 |

| The Gospels | Acts – Revelation | Genesis – Job | Psalms – Malachi |
|---|---|---|---|
| Luke 8 | Revelation 13 | Joshua 10 | Isaiah 23 |
| Luke 9 | Revelation 14 | Joshua 11 | Isaiah 24 |
| Luke 10 | Revelation 15 | Joshua 12 | Isaiah 25 |
| Luke 11 | Revelation 16 | Joshua 13 | Isaiah 26 |
| Luke 12 | Revelation 17 | Joshua 14 | Isaiah 27 |
| Luke 13 | Revelation 18 | Joshua 15 | Isaiah 28 |
| Luke 14 | Revelation 19 | Joshua 16 | Isaiah 29 |
| Luke 15 | Revelation 20 | Joshua 17 | Isaiah 30 |
| Luke 16 | Revelation 21 | Joshua 18 | Isaiah 31 |
| Luke 17 | Revelation 22 | Joshua 19 | Isaiah 32 |
| Luke 18 | Acts 1 | Joshua 20 | Isaiah 33 |
| Luke 19 | Acts 2 | Joshua 21 | Isaiah 34 |
| Luke 20 | Acts 3 | Joshua 22 | Isaiah 35 |
| Luke 21 | Acts 4 | Joshua 23 | Isaiah 36 |
| Luke 22 | Acts 5 | Joshua 24 | Isaiah 37 |
| Luke 23 | Acts 6 | Judges 1 | Isaiah 38 |
| Luke 24 | Acts 7 | Judges 2 | Isaiah 39 |
| John 1 | Acts 8 | Judges 3 | Isaiah 40 |
| John 2 | Acts 9 | Judges 4 | Isaiah 41 |
| John 3 | Acts 10 | Judges 5 | Isaiah 42 |
| John 4 | Acts 11 | Judges 6 | Isaiah 43 |
| John 5 | Acts 12 | Judges 7 | Isaiah 44 |
| John 6 | Acts 13 | Judges 8 | Isaiah 45 |
| John 7 | Acts 14 | Judges 9 | Isaiah 46 |
| John 8 | Acts 15 | Judges 10 | Isaiah 47 |
| John 9 | Acts 16 | Judges 11 | Isaiah 48 |
| John 10 | Acts 17 | Judges 12 | Isaiah 49 |
| John 11 | Acts 18 | Judges 13 | Isaiah 50 |
| John 12 | Acts 19 | Judges 14 | Isaiah 51 |
| John 13 | Acts 20 | Judges 15 | Isaiah 52 |
| John 14 | Acts 21 | Judges 16 | Isaiah 53 |
| John 15 | Acts 22 | Judges 17 | Isaiah 54 |
| John 16 | Acts 23 | Judges 18 | Isaiah 55 |
| John 17 | Acts 24 | Judges 19 | Isaiah 56 |
| John 18 | Acts 25 | Judges 20 | Isaiah 57 |
| John 19 | Acts 26 | Judges 21 | Isaiah 58 |
| John 20 | Acts 27 | Ruth 1 | Isaiah 59 |
| John 21 | Acts 28 | Ruth 2 | Isaiah 60 |
| Matthew 1 | Romans 1 | Ruth 3 | Isaiah 61 |
| Matthew 2 | Romans 2 | Ruth 4 | Isaiah 62 |
| Matthew 3 | Romans 3 | 1 Samuel 1 | Isaiah 63 |
| Matthew 4 | Romans 4 | 1 Samuel 2 | Isaiah 64 |
| Matthew 5 | Romans 5 | 1 Samuel 3 | Isaiah 65 |
| Matthew 6 | Romans 6 | 1 Samuel 4 | Isaiah 66 |
| Matthew 7 | Romans 7 | 1 Samuel 5 | Jeremiah 1 |

| The Gospels | Acts – Revelation | Genesis – Job | Psalms – Malachi |
|---|---|---|---|
| Matthew 8 | Romans 8 | 1 Samuel 6 | Jeremiah 2 |
| Matthew 9 | Romans 9 | 1 Samuel 7 | Jeremiah 3 |
| Matthew 10 | Romans 10 | 1 Samuel 8 | Jeremiah 4 |
| Matthew 11 | Romans 11 | 1 Samuel 9 | Jeremiah 5 |
| Matthew 12 | Romans 12 | 1 Samuel 10 | Jeremiah 6 |
| Matthew 13 | Romans 13 | 1 Samuel 11 | Jeremiah 7 |
| Matthew 14 | Romans 14 | 1 Samuel 12 | Jeremiah 8 |
| Matthew 15 | Romans 15 | 1 Samuel 13 | Jeremiah 9 |
| Matthew 16 | Romans 16 | 1 Samuel 14 | Jeremiah 10 |
| Matthew 17 | 1 Corinthians 1 | 1 Samuel 15 | Jeremiah 11 |
| Matthew 18 | 1 Corinthians 2 | 1 Samuel 16 | Jeremiah 12 |
| Matthew 19 | 1 Corinthians 3 | 1 Samuel 17 | Jeremiah 13 |
| Matthew 20 | 1 Corinthians 4 | 1 Samuel 18 | Jeremiah 14 |
| Matthew 21 | 1 Corinthians 5 | 1 Samuel 19 | Jeremiah 15 |
| Matthew 22 | 1 Corinthians 6 | 1 Samuel 20 | Jeremiah 16 |
| Matthew 23 | 1 Corinthians 7 | 1 Samuel 21 | Jeremiah 17 |
| Matthew 24 | 1 Corinthians 8 | 1 Samuel 22 | Jeremiah 18 |
| Matthew 25 | 1 Corinthians 9 | 1 Samuel 23 | Jeremiah 19 |
| Matthew 26 | 1 Corinthians 10 | 1 Samuel 24 | Jeremiah 20 |
| Matthew 27 | 1 Corinthians 11 | 1 Samuel 25 | Jeremiah 21 |
| Matthew 28 | 1 Corinthians 12 | 1 Samuel 26 | Jeremiah 22 |
| Mark 1 | 1 Corinthians 13 | 1 Samuel 27 | Jeremiah 23 |
| Mark 2 | 1 Corinthians 14 | 1 Samuel 28 | Jeremiah 24 |
| Mark 3 | 1 Corinthians 15 | 1 Samuel 29 | Jeremiah 25 |
| Mark 4 | 1 Corinthians 16 | 1 Samuel 30 | Jeremiah 26 |
| Mark 5 | 2 Corinthians 1 | 1 Samuel 31 | Jeremiah 27 |
| Mark 6 | 2 Corinthians 2 | 2 Samuel 1 | Jeremiah 28 |
| Mark 7 | 2 Corinthians 3 | 2 Samuel 2 | Jeremiah 29 |
| Mark 8 | 2 Corinthians 4 | 2 Samuel 3 | Jeremiah 30 |
| Mark 9 | 2 Corinthians 5 | 2 Samuel 4 | Jeremiah 31 |
| Mark 10 | 2 Corinthians 6 | 2 Samuel 5 | Jeremiah 32 |
| Mark 11 | 2 Corinthians 7 | 2 Samuel 6 | Jeremiah 33 |
| Mark 12 | 2 Corinthians 8 | 2 Samuel 7 | Jeremiah 34 |
| Mark 13 | 2 Corinthians 9 | 2 Samuel 8 | Jeremiah 35 |
| Mark 14 | 2 Corinthians 10 | 2 Samuel 9 | Jeremiah 36 |
| Mark 15 | 2 Corinthians 11 | 2 Samuel 10 | Jeremiah 37 |
| Mark 16 | 2 Corinthians 12 | 2 Samuel 11 | Jeremiah 38 |
| Luke 1 | 2 Corinthians 13 | 2 Samuel 12 | Jeremiah 39 |
| Luke 2 | Galatians 1 | 2 Samuel 13 | Jeremiah 40 |
| Luke 3 | Galatians 2 | 2 Samuel 14 | Jeremiah 41 |
| Luke 4 | Galatians 3 | 2 Samuel 15 | Jeremiah 42 |
| Luke 5 | Galatians 4 | 2 Samuel 16 | Jeremiah 43 |
| Luke 6 | Galatians 5 | 2 Samuel 17 | Jeremiah 44 |
| Luke 7 | Galatians 6 | 2 Samuel 18 | Jeremiah 45 |
| Luke 8 | Ephesians 1 | 2 Samuel 19 | Jeremiah 46 |

| The Gospels | Acts – Revelation | Genesis – Job | Psalms – Malachi |
|---|---|---|---|
| Luke 9 | Ephesians 2 | 2 Samuel 20 | Jeremiah 47 |
| Luke 10 | Ephesians 3 | 2 Samuel 21 | Jeremiah 48 |
| Luke 11 | Ephesians 4 | 2 Samuel 22 | Jeremiah 49 |
| Luke 12 | Ephesians 5 | 2 Samuel 23 | Jeremiah 50 |
| Luke 13 | Ephesians 6 | 2 Samuel 24 | Jeremiah 51 |
| Luke 14 | Philippians 1 | 1 Kings 1 | Jeremiah 52 |
| Luke 15 | Philippians 2 | 1 Kings 2 | Lamentations 1 |
| Luke 16 | Philippians 3 | 1 Kings 3 | Lamentations 2 |
| Luke 17 | Philippians 4 | 1 Kings 4 | Lamentations 3 |
| Luke 18 | Colossians 1 | 1 Kings 5 | Lamentations 4 |
| Luke 19 | Colossians 2 | 1 Kings 6 | Lamentations 5 |
| Luke 20 | Colossians 3 | 1 Kings 7 | Ezekiel 1 |
| Luke 21 | Colossians 4 | 1 Kings 8 | Ezekiel 2 |
| Luke 22 | 1 Thessalonians 1 | 1 Kings 9 | Ezekiel 3 |
| Luke 23 | 1 Thessalonians 2 | 1 Kings 10 | Ezekiel 4 |
| Luke 24 | 1 Thessalonians 3 | 1 Kings 11 | Ezekiel 5 |
| John 1 | 1 Thessalonians 4 | 1 Kings 12 | Ezekiel 6 |
| John 2 | 1 Thessalonians 5 | 1 Kings 13 | Ezekiel 7 |
| John 3 | 2 Thessalonians 1 | 1 Kings 14 | Ezekiel 8 |
| John 4 | 2 Thessalonians 2 | 1 Kings 15 | Ezekiel 9 |
| John 5 | 2 Thessalonians 3 | 1 Kings 16 | Ezekiel 10 |
| John 6 | 1 Timothy 1 | 1 Kings 17 | Ezekiel 11 |
| John 7 | 1 Timothy 2 | 1 Kings 18 | Ezekiel 12 |
| John 8 | 1 Timothy 3 | 1 Kings 19 | Ezekiel 13 |
| John 9 | 1 Timothy 4 | 1 Kings 20 | Ezekiel 14 |
| John 10 | 1 Timothy 5 | 1 Kings 21 | Ezekiel 15 |
| John 11 | 1 Timothy 6 | 1 Kings 22 | Ezekiel 16 |
| John 12 | 2 Timothy 1 | 2 Kings 1 | Ezekiel 17 |
| John 13 | 2 Timothy 2 | 2 Kings 2 | Ezekiel 18 |
| John 14 | 2 Timothy 3 | 2 Kings 3 | Ezekiel 19 |
| John 15 | 2 Timothy 4 | 2 Kings 4 | Ezekiel 20 |
| John 16 | Titus 1 | 2 Kings 5 | Ezekiel 21 |
| John 17 | Titus 2 | 2 Kings 6 | Ezekiel 22 |
| John 18 | Titus 3 | 2 Kings 7 | Ezekiel 23 |
| John 19 | Philemon | 2 Kings 8 | Ezekiel 24 |
| John 20 | Hebrews 1 | 2 Kings 9 | Ezekiel 25 |
| John 21 | Hebrews 2 | 2 Kings 10 | Ezekiel 26 |
| Matthew 1 | Hebrews 3 | 2 Kings 11 | Ezekiel 27 |
| Matthew 2 | Hebrews 4 | 2 Kings 12 | Ezekiel 28 |
| Matthew 3 | Hebrews 5 | 2 Kings 13 | Ezekiel 29 |
| Matthew 4 | Hebrews 6 | 2 Kings 14 | Ezekiel 30 |
| Matthew 5 | Hebrews 7 | 2 Kings 15 | Ezekiel 31 |
| Matthew 6 | Hebrews 8 | 2 Kings 16 | Ezekiel 32 |
| Matthew 7 | Hebrews 9 | 2 Kings 17 | Ezekiel 33 |
| Matthew 8 | Hebrews 10 | 2 Kings 18 | Ezekiel 34 |

| The Gospels | Acts – Revelation | Genesis – Job | Psalms – Malachi |
|---|---|---|---|
| Matthew 9 | Hebrews 11 | 2 Kings 19 | Ezekiel 35 |
| Matthew 10 | Hebrews 12 | 2 Kings 20 | Ezekiel 36 |
| Matthew 11 | Hebrews 13 | 2 Kings 21 | Ezekiel 37 |
| Matthew 12 | James 1 | 2 Kings 22 | Ezekiel 38 |
| Matthew 13 | James 2 | 2 Kings 23 | Ezekiel 39 |
| Matthew 14 | James 3 | 2 Kings 24 | Ezekiel 40 |
| Matthew 15 | James 4 | 2 Kings 25 | Ezekiel 41 |
| Matthew 16 | James 5 | 1 Chronicles 1 | Ezekiel 42 |
| Matthew 17 | 1 Peter 1 | 1 Chronicles 2 | Ezekiel 43 |
| Matthew 18 | 1 Peter 2 | 1 Chronicles 3 | Ezekiel 44 |
| Matthew 19 | 1 Peter 3 | 1 Chronicles 4 | Ezekiel 45 |
| Matthew 20 | 1 Peter 4 | 1 Chronicles 5 | Ezekiel 46 |
| Matthew 21 | 1 Peter 5 | 1 Chronicles 6 | Ezekiel 47 |
| Matthew 22 | 2 Peter 1 | 1 Chronicles 7 | Ezekiel 48 |
| Matthew 23 | 2 Peter 2 | 1 Chronicles 8 | Daniel 1 |
| Matthew 24 | 2 Peter 3 | 1 Chronicles 9 | Daniel 2 |
| Matthew 25 | 1 John 1 | 1 Chronicles 10 | Daniel 3 |
| Matthew 26 | 1 John 2 | 1 Chronicles 11 | Daniel 4 |
| Matthew 27 | 1 John 3 | 1 Chronicles 12 | Daniel 5 |
| Matthew 28 | 1 John 4 | 1 Chronicles 13 | Daniel 6 |
| Mark 1 | 1 John 5 | 1 Chronicles 14 | Daniel 7 |
| Mark 2 | 2 John | 1 Chronicles 15 | Daniel 8 |
| Mark 3 | 3 John | 1 Chronicles 16 | Daniel 9 |
| Mark 4 | Jude | 1 Chronicles 17 | Daniel 10 |
| Mark 5 | Revelation 1 | 1 Chronicles 18 | Daniel 11 |
| Mark 6 | Revelation 2 | 1 Chronicles 19 | Daniel 12 |
| Mark 7 | Revelation 3 | 1 Chronicles 20 | Hosea 1 |
| Mark 8 | Revelation 4 | 1 Chronicles 21 | Hosea 2 |
| Mark 9 | Revelation 5 | 1 Chronicles 22 | Hosea 3 |
| Mark 10 | Revelation 6 | 1 Chronicles 23 | Hosea 4 |
| Mark 11 | Revelation 7 | 1 Chronicles 24 | Hosea 5 |
| Mark 12 | Revelation 8 | 1 Chronicles 25 | Hosea 6 |
| Mark 13 | Revelation 9 | 1 Chronicles 26 | Hosea 7 |
| Mark 14 | Revelation 10 | 1 Chronicles 27 | Hosea 8 |
| Mark 15 | Revelation 11 | 1 Chronicles 28 | Hosea 9 |
| Mark 16 | Revelation 12 | 1 Chronicles 29 | Hosea 10 |
| Luke 1 | Revelation 13 | 2 Chronicles 1 | Hosea 11 |
| Luke 2 | Revelation 14 | 2 Chronicles 2 | Hosea 12 |
| Luke 3 | Revelation 15 | 2 Chronicles 3 | Hosea 13 |
| Luke 4 | Revelation 16 | 2 Chronicles 4 | Hosea 14 |
| Luke 5 | Revelation 17 | 2 Chronicles 5 | Joel 1 |
| Luke 6 | Revelation 18 | 2 Chronicles 6 | Joel 2 |
| Luke 7 | Revelation 19 | 2 Chronicles 7 | Joel 3 |
| Luke 8 | Revelation 20 | 2 Chronicles 8 | Amos 1 |
| Luke 9 | Revelation 21 | 2 Chronicles 9 | Amos 2 |

| The Gospels | Acts – Revelation | Genesis – Job | Psalms – Malachi |
| --- | --- | --- | --- |
| Luke 10 | Revelation 22 | 2 Chronicles 10 | Amos 3 |
| Luke 11 | Acts 1 | 2 Chronicles 11 | Amos 4 |
| Luke 12 | Acts 2 | 2 Chronicles 12 | Amos 5 |
| Luke 13 | Acts 3 | 2 Chronicles 13 | Amos 6 |
| Luke 14 | Acts 4 | 2 Chronicles 14 | Amos 7 |
| Luke 15 | Acts 5 | 2 Chronicles 15 | Amos 8 |
| Luke 16 | Acts 6 | 2 Chronicles 16 | Amos 9 |
| Luke 17 | Acts 7 | 2 Chronicles 17 | Obadiah |
| Luke 18 | Acts 8 | 2 Chronicles 18 | Jonah 1 |
| Luke 19 | Acts 9 | 2 Chronicles 19 | Jonah 2 |
| Luke 20 | Acts 10 | 2 Chronicles 20 | Jonah 3 |
| Luke 21 | Acts 11 | 2 Chronicles 21 | Jonah 4 |
| Luke 22 | Acts 12 | 2 Chronicles 22 | Micah 1 |
| Luke 23 | Acts 13 | 2 Chronicles 23 | Micah 2 |
| Luke 24 | Acts 14 | 2 Chronicles 24 | Micah 3 |
| John 1 | Acts 15 | 2 Chronicles 25 | Micah 4 |
| John 2 | Acts 16 | 2 Chronicles 26 | Micah 5 |
| John 3 | Acts 17 | 2 Chronicles 27 | Micah 6 |
| John 4 | Acts 18 | 2 Chronicles 28 | Micah 7 |
| John 5 | Acts 19 | 2 Chronicles 29 | Nahum 1 |
| John 6 | Acts 20 | 2 Chronicles 30 | Nahum 2 |
| John 7 | Acts 21 | 2 Chronicles 31 | Nahum 3 |
| John 8 | Acts 22 | 2 Chronicles 32 | Habakkuk 1 |
| John 9 | Acts 23 | 2 Chronicles 33 | Habakkuk 2 |
| John 10 | Acts 24 | 2 Chronicles 34 | Habakkuk 3 |
| John 11 | Acts 25 | 2 Chronicles 35 | Zephaniah 1 |
| John 12 | Acts 26 | 2 Chronicles 36 | Zephaniah 2 |
| John 13 | Acts 27 | Ezra 1 | Zephaniah 3 |
| John 14 | Acts 28 | Ezra 2 | Haggai 1 |
| John 15 | Romans 1 | Ezra 3 | Haggai 2 |
| John 16 | Romans 2 | Ezra 4 | Zechariah 1 |
| John 17 | Romans 3 | Ezra 5 | Zechariah 2 |
| John 18 | Romans 4 | Ezra 6 | Zechariah 3 |
| John 19 | Romans 5 | Ezra 7 | Zechariah 4 |
| John 20 | Romans 6 | Ezra 8 | Zechariah 5 |
| John 21 | Romans 7 | Ezra 9 | Zechariah 6 |
| Matthew 1 | Romans 8 | Ezra 10 | Zechariah 7 |
| Matthew 2 | Romans 9 | Nehemiah 1 | Zechariah 8 |
| Matthew 3 | Romans 10 | Nehemiah 2 | Zechariah 9 |
| Matthew 4 | Romans 11 | Nehemiah 3 | Zechariah 10 |
| Matthew 5 | Romans 12 | Nehemiah 4 | Zechariah 11 |
| Matthew 6 | Romans 13 | Nehemiah 5 | Zechariah 12 |
| Matthew 7 | Romans 14 | Nehemiah 6 | Zechariah 13 |
| Matthew 8 | Romans 15 | Nehemiah 7 | Zechariah 14 |
| Matthew 9 | Romans 16 | Nehemiah 8 | Malachi 1 |

| The Gospels | Acts – Revelation | Genesis – Job | Psalms – Malachi |
|---|---|---|---|
| Matthew 10 | 1 Corinthians 1 | Nehemiah 9 | Malachi 2 |
| Matthew 11 | 1 Corinthians 2 | Nehemiah 10 | Malachi 3 |
| Matthew 12 | 1 Corinthians 3 | Nehemiah 11 | Malachi 4 |
| Matthew 13 | 1 Corinthians 4 | Nehemiah 12 | Psalms 1 |
| Matthew 14 | 1 Corinthians 5 | Nehemiah 13 | Psalms 2 |
| Matthew 15 | 1 Corinthians 6 | Esther 1 | Psalms 3 |
| Matthew 16 | 1 Corinthians 7 | Esther 2 | Psalms 4 |
| Matthew 17 | 1 Corinthians 8 | Esther 3 | Psalms 5 |
| Matthew 18 | 1 Corinthians 9 | Esther 4 | Psalms 6 |
| Matthew 19 | 1 Corinthians 10 | Esther 5 | Psalms 7 |
| Matthew 20 | 1 Corinthians 11 | Esther 6 | Psalms 8 |
| Matthew 21 | 1 Corinthians 12 | Esther 7 | Psalms 9 |
| Matthew 22 | 1 Corinthians 13 | Esther 8 | Psalms 10 |
| Matthew 23 | 1 Corinthians 14 | Esther 9 | Psalms 11 |
| Matthew 24 | 1 Corinthians 15 | Esther 10 | Psalms 12 |
| Matthew 25 | 1 Corinthians 16 | Job 1 | Psalms 13 |
| Matthew 26 | 2 Corinthians 1 | Job 2 | Psalms 14 |
| Matthew 27 | 2 Corinthians 2 | Job 3 | Psalms 15 |
| Matthew 28 | 2 Corinthians 3 | Job 4 | Psalms 16 |
| Mark 1 | 2 Corinthians 4 | Job 5 | Psalms 17 |
| Mark 2 | 2 Corinthians 5 | Job 6 | Psalms 18 |
| Mark 3 | 2 Corinthians 6 | Job 7 | Psalms 19 |
| Mark 4 | 2 Corinthians 7 | Job 8 | Psalms 20 |
| Mark 5 | 2 Corinthians 8 | Job 9 | Psalms 21 |
| Mark 6 | 2 Corinthians 9 | Job 10 | Psalms 22 |
| Mark 7 | 2 Corinthians 10 | Job 11 | Psalms 23 |
| Mark 8 | 2 Corinthians 11 | Job 12 | Psalms 24 |
| Mark 9 | 2 Corinthians 12 | Job 13 | Psalms 25 |
| Mark 10 | 2 Corinthians 13 | Job 14 | Psalms 26 |
| Mark 11 | Galatians 1 | Job 15 | Psalms 27 |
| Mark 12 | Galatians 2 | Job 16 | Psalms 28 |
| Mark 13 | Galatians 3 | Job 17 | Psalms 29 |
| Mark 14 | Galatians 4 | Job 18 | Psalms 30 |
| Mark 15 | Galatians 5 | Job 19 | Psalms 31 |
| Mark 16 | Galatians 6 | Job 20 | Psalms 32 |
| Luke 1 | Ephesians 1 | Job 21 | Psalms 33 |
| Luke 2 | Ephesians 2 | Job 22 | Psalms 34 |
| Luke 3 | Ephesians 3 | Job 23 | Psalms 35 |
| Luke 4 | Ephesians 4 | Job 24 | Psalms 36 |
| Luke 5 | Ephesians 5 | Job 25 | Psalms 37 |
| Luke 6 | Ephesians 6 | Job 26 | Psalms 38 |
| Luke 7 | Philippians 1 | Job 27 | Psalms 39 |
| Luke 8 | Philippians 2 | Job 28 | Psalms 40 |
| Luke 9 | Philippians 3 | Job 29 | Psalms 41 |
| Luke 10 | Philippians 4 | Job 30 | Psalms 42 |

| The Gospels | Acts – Revelation | Genesis – Job | Psalms – Malachi |
|---|---|---|---|
| Luke 11 | Colossians 1 | Job 31 | Psalms 43 |
| Luke 12 | Colossians 2 | Job 32 | Psalms 44 |
| Luke 13 | Colossians 3 | Job 33 | Psalms 45 |
| Luke 14 | Colossians 4 | Job 34 | Psalms 46 |
| Luke 15 | 1 Thessalonians 1 | Job 35 | Psalms 47 |
| Luke 16 | 1 Thessalonians 2 | Job 36 | Psalms 48 |
| Luke 17 | 1 Thessalonians 3 | Job 37 | Psalms 49 |
| Luke 18 | 1 Thessalonians 4 | Job 38 | Psalms 50 |
| Luke 19 | 1 Thessalonians 5 | Job 39 | Psalms 51 |
| Luke 20 | 2 Thessalonians 1 | Job 40 | Psalms 52 |
| Luke 21 | 2 Thessalonians 2 | Job 41 | Psalms 53 |
| Luke 22 | 2 Thessalonians 3 | Job 42 | Psalms 54 |
| Luke 23 | 1 Timothy 1 | Genesis 1 | Psalms 55 |
| Luke 24 | 1 Timothy 2 | Genesis 2 | Psalms 56 |
| John 1 | 1 Timothy 3 | Genesis 3 | Psalms 57 |
| John 2 | 1 Timothy 4 | Genesis 4 | Psalms 58 |
| John 3 | 1 Timothy 5 | Genesis 5 | Psalms 59 |
| John 4 | 1 Timothy 6 | Genesis 6 | Psalms 60 |
| John 5 | 2 Timothy 1 | Genesis 7 | Psalms 61 |
| John 6 | 2 Timothy 2 | Genesis 8 | Psalms 62 |
| John 7 | 2 Timothy 3 | Genesis 9 | Psalms 63 |
| John 8 | 2 Timothy 4 | Genesis 10 | Psalms 64 |
| John 9 | Titus 1 | Genesis 11 | Psalms 65 |
| John 10 | Titus 2 | Genesis 12 | Psalms 66 |
| John 11 | Titus 3 | Genesis 13 | Psalms 67 |
| John 12 | Philemon | Genesis 14 | Psalms 68 |
| John 13 | Hebrews 1 | Genesis 15 | Psalms 69 |
| John 14 | Hebrews 2 | Genesis 16 | Psalms 70 |
| John 15 | Hebrews 3 | Genesis 17 | Psalms 71 |
| John 16 | Hebrews 4 | Genesis 18 | Psalms 72 |
| John 17 | Hebrews 5 | Genesis 19 | Psalms 73 |
| John 18 | Hebrews 6 | Genesis 20 | Psalms 74 |
| John 19 | Hebrews 7 | Genesis 21 | Psalms 75 |
| John 20 | Hebrews 8 | Genesis 22 | Psalms 76 |
| John 21 | Hebrews 9 | Genesis 23 | Psalms 77 |
| Matthew 1 | Hebrews 10 | Genesis 24 | Psalms 78 |
| Matthew 2 | Hebrews 11 | Genesis 25 | Psalms 79 |
| Matthew 3 | Hebrews 12 | Genesis 26 | Psalms 80 |
| Matthew 4 | Hebrews 13 | Genesis 27 | Psalms 81 |
| Matthew 5 | James 1 | Genesis 28 | Psalms 82 |
| Matthew 6 | James 2 | Genesis 29 | Psalms 83 |
| Matthew 7 | James 3 | Genesis 30 | Psalms 84 |
| Matthew 8 | James 4 | Genesis 31 | Psalms 85 |
| Matthew 9 | James 5 | Genesis 32 | Psalms 86 |
| Matthew 10 | 1 Peter 1 | Genesis 33 | Psalms 87 |

| The Gospels | Acts – Revelation | Genesis – Job | Psalms – Malachi |
| --- | --- | --- | --- |
| Matthew 11 | 1 Peter 2 | Genesis 34 | Psalms 88 |
| Matthew 12 | 1 Peter 3 | Genesis 35 | Psalms 89 |
| Matthew 13 | 1 Peter 4 | Genesis 36 | Psalms 90 |
| Matthew 14 | 1 Peter 5 | Genesis 37 | Psalms 91 |
| Matthew 15 | 2 Peter 1 | Genesis 38 | Psalms 92 |
| Matthew 16 | 2 Peter 2 | Genesis 39 | Psalms 93 |
| Matthew 17 | 2 Peter 3 | Genesis 40 | Psalms 94 |
| Matthew 18 | 1 John 1 | Genesis 41 | Psalms 95 |
| Matthew 19 | 1 John 2 | Genesis 42 | Psalms 96 |
| Matthew 20 | 1 John 3 | Genesis 43 | Psalms 97 |
| Matthew 21 | 1 John 4 | Genesis 44 | Psalms 98 |
| Matthew 22 | 1 John 5 | Genesis 45 | Psalms 99 |
| Matthew 23 | 2 John | Genesis 46 | Psalms 100 |
| Matthew 24 | 3 John | Genesis 47 | Psalms 101 |
| Matthew 25 | Jude | Genesis 48 | Psalms 102 |
| Matthew 26 | Revelation 1 | Genesis 49 | Psalms 103 |
| Matthew 27 | Revelation 2 | Genesis 50 | Psalms 104 |
| Matthew 28 | Revelation 3 | Exodus 1 | Psalms 105 |
| Mark 1 | Revelation 4 | Exodus 2 | Psalms 106 |
| Mark 2 | Revelation 5 | Exodus 3 | Psalms 107 |
| Mark 3 | Revelation 6 | Exodus 4 | Psalms 108 |
| Mark 4 | Revelation 7 | Exodus 5 | Psalms 109 |
| Mark 5 | Revelation 8 | Exodus 6 | Psalms 110 |
| Mark 6 | Revelation 9 | Exodus 7 | Psalms 111 |
| Mark 7 | Revelation 10 | Exodus 8 | Psalms 112 |
| Mark 8 | Revelation 11 | Exodus 9 | Psalms 113 |
| Mark 9 | Revelation 12 | Exodus 10 | Psalms 114 |
| Mark 10 | Revelation 13 | Exodus 11 | Psalms 115 |
| Mark 11 | Revelation 14 | Exodus 12 | Psalms 116 |
| Mark 12 | Revelation 15 | Exodus 13 | Psalms 117 |
| Mark 13 | Revelation 16 | Exodus 14 | Psalms 118 |
| Mark 14 | Revelation 17 | Exodus 15 | Psalms 119 |
| Mark 15 | Revelation 18 | Exodus 16 | Psalms 120 |
| Mark 16 | Revelation 19 | Exodus 17 | Psalms 121 |
| Luke 1 | Revelation 20 | Exodus 18 | Psalms 122 |
| Luke 2 | Revelation 21 | Exodus 19 | Psalms 123 |
| Luke 3 | Revelation 22 | Exodus 20 | Psalms 124 |
| Luke 4 | Acts 1 | Exodus 21 | Psalms 125 |
| Luke 5 | Acts 2 | Exodus 22 | Psalms 126 |
| Luke 6 | Acts 3 | Exodus 23 | Psalms 127 |
| Luke 7 | Acts 4 | Exodus 24 | Psalms 128 |
| Luke 8 | Acts 5 | Exodus 25 | Psalms 129 |
| Luke 9 | Acts 6 | Exodus 26 | Psalms 130 |
| Luke 10 | Acts 7 | Exodus 27 | Psalms 131 |
| Luke 11 | Acts 8 | Exodus 28 | Psalms 132 |

| The Gospels | Acts – Revelation | Genesis – Job | Psalms – Malachi |
| --- | --- | --- | --- |
| Luke 12 | Acts 9 | Exodus 29 | Psalms 133 |
| Luke 13 | Acts 10 | Exodus 30 | Psalms 134 |
| Luke 14 | Acts 11 | Exodus 31 | Psalms 135 |
| Luke 15 | Acts 12 | Exodus 32 | Psalms 136 |
| Luke 16 | Acts 13 | Exodus 33 | Psalms 137 |
| Luke 17 | Acts 14 | Exodus 34 | Psalms 138 |
| Luke 18 | Acts 15 | Exodus 35 | Psalms 139 |
| Luke 19 | Acts 16 | Exodus 36 | Psalms 140 |
| Luke 20 | Acts 17 | Exodus 37 | Psalms 141 |
| Luke 21 | Acts 18 | Exodus 38 | Psalms 142 |
| Luke 22 | Acts 19 | Exodus 39 | Psalms 143 |
| Luke 23 | Acts 20 | Exodus 40 | Psalms 144 |
| Luke 24 | Acts 21 | Leviticus 1 | Psalms 145 |
| John 1 | Acts 22 | Leviticus 2 | Psalms 146 |
| John 2 | Acts 23 | Leviticus 3 | Psalms 147 |
| John 3 | Acts 24 | Leviticus 4 | Psalms 148 |
| John 4 | Acts 25 | Leviticus 5 | Psalms 149 |
| John 5 | Acts 26 | Leviticus 6 | Psalms 150 |
| John 6 | Acts 27 | Leviticus 7 | Proverbs 1 |
| John 7 | Acts 28 | Leviticus 8 | Proverbs 2 |
| John 8 | Romans 1 | Leviticus 9 | Proverbs 3 |
| John 9 | Romans 2 | Leviticus 10 | Proverbs 4 |
| John 10 | Romans 3 | Leviticus 11 | Proverbs 5 |
| John 11 | Romans 4 | Leviticus 12 | Proverbs 6 |
| John 12 | Romans 5 | Leviticus 13 | Proverbs 7 |
| John 13 | Romans 6 | Leviticus 14 | Proverbs 8 |
| John 14 | Romans 7 | Leviticus 15 | Proverbs 9 |
| John 15 | Romans 8 | Leviticus 16 | Proverbs 10 |
| John 16 | Romans 9 | Leviticus 17 | Proverbs 11 |
| John 17 | Romans 10 | Leviticus 18 | Proverbs 12 |
| John 18 | Romans 11 | Leviticus 19 | Proverbs 13 |
| John 19 | Romans 12 | Leviticus 20 | Proverbs 14 |
| John 20 | Romans 13 | Leviticus 21 | Proverbs 15 |
| John 21 | Romans 14 | Leviticus 22 | Proverbs 16 |
| Matthew 1 | Romans 15 | Leviticus 23 | Proverbs 17 |
| Matthew 2 | Romans 16 | Leviticus 24 | Proverbs 18 |
| Matthew 3 | 1 Corinthians 1 | Leviticus 25 | Proverbs 19 |
| Matthew 4 | 1 Corinthians 2 | Leviticus 26 | Proverbs 20 |
| Matthew 5 | 1 Corinthians 3 | Leviticus 27 | Proverbs 21 |
| Matthew 6 | 1 Corinthians 4 | Numbers 1 | Proverbs 22 |
| Matthew 7 | 1 Corinthians 5 | Numbers 2 | Proverbs 23 |
| Matthew 8 | 1 Corinthians 6 | Numbers 3 | Proverbs 24 |
| Matthew 9 | 1 Corinthians 7 | Numbers 4 | Proverbs 25 |
| Matthew 10 | 1 Corinthians 8 | Numbers 5 | Proverbs 26 |
| Matthew 11 | 1 Corinthians 9 | Numbers 6 | Proverbs 27 |

| The Gospels | Acts – Revelation | Genesis – Job | Psalms – Malachi |
|---|---|---|---|
| Matthew 12 | 1 Corinthians 10 | Numbers 7 | Proverbs 28 |
| Matthew 13 | 1 Corinthians 11 | Numbers 8 | Proverbs 29 |
| Matthew 14 | 1 Corinthians 12 | Numbers 9 | Proverbs 30 |
| Matthew 15 | 1 Corinthians 13 | Numbers 10 | Proverbs 31 |
| Matthew 16 | 1 Corinthians 14 | Numbers 11 | Ecclesiastes 1 |
| Matthew 17 | 1 Corinthians 15 | Numbers 12 | Ecclesiastes 2 |
| Matthew 18 | 1 Corinthians 16 | Numbers 13 | Ecclesiastes 3 |
| Matthew 19 | 2 Corinthians 1 | Numbers 14 | Ecclesiastes 4 |
| Matthew 20 | 2 Corinthians 2 | Numbers 15 | Ecclesiastes 5 |
| Matthew 21 | 2 Corinthians 3 | Numbers 16 | Ecclesiastes 6 |
| Matthew 22 | 2 Corinthians 4 | Numbers 17 | Ecclesiastes 7 |
| Matthew 23 | 2 Corinthians 5 | Numbers 18 | Ecclesiastes 8 |
| Matthew 24 | 2 Corinthians 6 | Numbers 19 | Ecclesiastes 9 |
| Matthew 25 | 2 Corinthians 7 | Numbers 20 | Ecclesiastes 10 |
| Matthew 26 | 2 Corinthians 8 | Numbers 21 | Ecclesiastes 11 |
| Matthew 27 | 2 Corinthians 9 | Numbers 22 | Ecclesiastes 12 |
| Matthew 28 | 2 Corinthians 10 | Numbers 23 | Song of Solomon 1 |
| Mark 1 | 2 Corinthians 11 | Numbers 24 | Song of Solomon 2 |
| Mark 2 | 2 Corinthians 12 | Numbers 25 | Song of Solomon 3 |
| Mark 3 | 2 Corinthians 13 | Numbers 26 | Song of Solomon 4 |
| Mark 4 | Galatians 1 | Numbers 27 | Song of Solomon 5 |
| Mark 5 | Galatians 2 | Numbers 28 | Song of Solomon 6 |
| Mark 6 | Galatians 3 | Numbers 29 | Song of Solomon 7 |
| Mark 7 | Galatians 4 | Numbers 30 | Song of Solomon 8 |
| Mark 8 | Galatians 5 | Numbers 31 | Isaiah 1 |
| Mark 9 | Galatians 6 | Numbers 32 | Isaiah 2 |
| Mark 10 | Ephesians 1 | Numbers 33 | Isaiah 3 |
| Mark 11 | Ephesians 2 | Numbers 34 | Isaiah 4 |
| Mark 12 | Ephesians 3 | Numbers 35 | Isaiah 5 |
| Mark 13 | Ephesians 4 | Numbers 36 | Isaiah 6 |
| Mark 14 | Ephesians 5 | Deuteronomy 1 | Isaiah 7 |
| Mark 15 | Ephesians 6 | Deuteronomy 2 | Isaiah 8 |
| Mark 16 | Philippians 1 | Deuteronomy 3 | Isaiah 9 |
| Luke 1 | Philippians 2 | Deuteronomy 4 | Isaiah 10 |
| Luke 2 | Philippians 3 | Deuteronomy 5 | Isaiah 11 |
| Luke 3 | Philippians 4 | Deuteronomy 6 | Isaiah 12 |
| Luke 4 | Colossians 1 | Deuteronomy 7 | Isaiah 13 |
| Luke 5 | Colossians 2 | Deuteronomy 8 | Isaiah 14 |
| Luke 6 | Colossians 3 | Deuteronomy 9 | Isaiah 15 |
| Luke 7 | Colossians 4 | Deuteronomy 10 | Isaiah 16 |
| Luke 8 | 1 Thessalonians 1 | Deuteronomy 11 | Isaiah 17 |
| Luke 9 | 1 Thessalonians 2 | Deuteronomy 12 | Isaiah 18 |
| Luke 10 | 1 Thessalonians 3 | Deuteronomy 13 | Isaiah 19 |
| Luke 11 | 1 Thessalonians 4 | Deuteronomy 14 | Isaiah 20 |
| Luke 12 | 1 Thessalonians 5 | Deuteronomy 15 | Isaiah 21 |

| The Gospels | Acts – Revelation | Genesis – Job | Psalms – Malachi |
|---|---|---|---|
| Luke 13 | 2 Thessalonians 1 | Deuteronomy 16 | Isaiah 22 |
| Luke 14 | 2 Thessalonians 2 | Deuteronomy 17 | Isaiah 23 |
| Luke 15 | 2 Thessalonians 3 | Deuteronomy 18 | Isaiah 24 |
| Luke 16 | 1 Timothy 1 | Deuteronomy 19 | Isaiah 25 |
| Luke 17 | 1 Timothy 2 | Deuteronomy 20 | Isaiah 26 |
| Luke 18 | 1 Timothy 3 | Deuteronomy 21 | Isaiah 27 |
| Luke 19 | 1 Timothy 4 | Deuteronomy 22 | Isaiah 28 |
| Luke 20 | 1 Timothy 5 | Deuteronomy 23 | Isaiah 29 |
| Luke 21 | 1 Timothy 6 | Deuteronomy 24 | Isaiah 30 |
| Luke 22 | 2 Timothy 1 | Deuteronomy 25 | Isaiah 31 |
| Luke 23 | 2 Timothy 2 | Deuteronomy 26 | Isaiah 32 |
| Luke 24 | 2 Timothy 3 | Deuteronomy 27 | Isaiah 33 |
| John 1 | 2 Timothy 4 | Deuteronomy 28 | Isaiah 34 |
| John 2 | Titus 1 | Deuteronomy 29 | Isaiah 35 |
| John 3 | Titus 2 | Deuteronomy 30 | Isaiah 36 |
| John 4 | Titus 3 | Deuteronomy 31 | Isaiah 37 |
| John 5 | Philemon | Deuteronomy 32 | Isaiah 38 |
| John 6 | Hebrews 1 | Deuteronomy 33 | Isaiah 39 |
| John 7 | Hebrews 2 | Deuteronomy 34 | Isaiah 40 |
| John 8 | Hebrews 3 | Joshua 1 | Isaiah 41 |
| John 9 | Hebrews 4 | Joshua 2 | Isaiah 42 |
| John 10 | Hebrews 5 | Joshua 3 | Isaiah 43 |
| John 11 | Hebrews 6 | Joshua 4 | Isaiah 44 |
| John 12 | Hebrews 7 | Joshua 5 | Isaiah 45 |
| John 13 | Hebrews 8 | Joshua 6 | Isaiah 46 |
| John 14 | Hebrews 9 | Joshua 7 | Isaiah 47 |
| John 15 | Hebrews 10 | Joshua 8 | Isaiah 48 |
| John 16 | Hebrews 11 | Joshua 9 | Isaiah 49 |
| John 17 | Hebrews 12 | Joshua 10 | Isaiah 50 |
| John 18 | Hebrews 13 | Joshua 11 | Isaiah 51 |
| John 19 | James 1 | Joshua 12 | Isaiah 52 |
| John 20 | James 2 | Joshua 13 | Isaiah 53 |
| John 21 | James 3 | Joshua 14 | Isaiah 54 |
| Matthew 1 | James 4 | Joshua 15 | Isaiah 55 |
| Matthew 2 | James 5 | Joshua 16 | Isaiah 56 |
| Matthew 3 | 1 Peter 1 | Joshua 17 | Isaiah 57 |
| Matthew 4 | 1 Peter 2 | Joshua 18 | Isaiah 58 |
| Matthew 5 | 1 Peter 3 | Joshua 19 | Isaiah 59 |
| Matthew 6 | 1 Peter 4 | Joshua 20 | Isaiah 60 |
| Matthew 7 | 1 Peter 5 | Joshua 21 | Isaiah 61 |
| Matthew 8 | 2 Peter 1 | Joshua 22 | Isaiah 62 |
| Matthew 9 | 2 Peter 2 | Joshua 23 | Isaiah 63 |
| Matthew 10 | 2 Peter 3 | Joshua 24 | Isaiah 64 |
| Matthew 11 | 1 John 1 | Judges 1 | Isaiah 65 |
| Matthew 12 | 1 John 2 | Judges 2 | Isaiah 66 |

| The Gospels | Acts – Revelation | Genesis – Job | Psalms – Malachi |
|---|---|---|---|
| Matthew 13 | 1 John 3 | Judges 3 | Jeremiah 1 |
| Matthew 14 | 1 John 4 | Judges 4 | Jeremiah 2 |
| Matthew 15 | 1 John 5 | Judges 5 | Jeremiah 3 |
| Matthew 16 | 2 John | Judges 6 | Jeremiah 4 |
| Matthew 17 | 3 John | Judges 7 | Jeremiah 5 |
| Matthew 18 | Jude | Judges 8 | Jeremiah 6 |
| Matthew 19 | Revelation 1 | Judges 9 | Jeremiah 7 |
| Matthew 20 | Revelation 2 | Judges 10 | Jeremiah 8 |
| Matthew 21 | Revelation 3 | Judges 11 | Jeremiah 9 |
| Matthew 22 | Revelation 4 | Judges 12 | Jeremiah 10 |
| Matthew 23 | Revelation 5 | Judges 13 | Jeremiah 11 |
| Matthew 24 | Revelation 6 | Judges 14 | Jeremiah 12 |
| Matthew 25 | Revelation 7 | Judges 15 | Jeremiah 13 |
| Matthew 26 | Revelation 8 | Judges 16 | Jeremiah 14 |
| Matthew 27 | Revelation 9 | Judges 17 | Jeremiah 15 |
| Matthew 28 | Revelation 10 | Judges 18 | Jeremiah 16 |
| Mark 1 | Revelation 11 | Judges 19 | Jeremiah 17 |
| Mark 2 | Revelation 12 | Judges 20 | Jeremiah 18 |
| Mark 3 | Revelation 13 | Judges 21 | Jeremiah 19 |
| Mark 4 | Revelation 14 | Ruth 1 | Jeremiah 20 |
| Mark 5 | Revelation 15 | Ruth 2 | Jeremiah 21 |
| Mark 6 | Revelation 16 | Ruth 3 | Jeremiah 22 |
| Mark 7 | Revelation 17 | Ruth 4 | Jeremiah 23 |
| Mark 8 | Revelation 18 | 1 Samuel 1 | Jeremiah 24 |
| Mark 9 | Revelation 19 | 1 Samuel 2 | Jeremiah 25 |
| Mark 10 | Revelation 20 | 1 Samuel 3 | Jeremiah 26 |
| Mark 11 | Revelation 21 | 1 Samuel 4 | Jeremiah 27 |
| Mark 12 | Revelation 22 | 1 Samuel 5 | Jeremiah 28 |
| Mark 13 | Acts 1 | 1 Samuel 6 | Jeremiah 29 |
| Mark 14 | Acts 2 | 1 Samuel 7 | Jeremiah 30 |
| Mark 15 | Acts 3 | 1 Samuel 8 | Jeremiah 31 |
| Mark 16 | Acts 4 | 1 Samuel 9 | Jeremiah 32 |
| Luke 1 | Acts 5 | 1 Samuel 10 | Jeremiah 33 |
| Luke 2 | Acts 6 | 1 Samuel 11 | Jeremiah 34 |
| Luke 3 | Acts 7 | 1 Samuel 12 | Jeremiah 35 |
| Luke 4 | Acts 8 | 1 Samuel 13 | Jeremiah 36 |
| Luke 5 | Acts 9 | 1 Samuel 14 | Jeremiah 37 |
| Luke 6 | Acts 10 | 1 Samuel 15 | Jeremiah 38 |
| Luke 7 | Acts 11 | 1 Samuel 16 | Jeremiah 39 |
| Luke 8 | Acts 12 | 1 Samuel 17 | Jeremiah 40 |
| Luke 9 | Acts 13 | 1 Samuel 18 | Jeremiah 41 |
| Luke 10 | Acts 14 | 1 Samuel 19 | Jeremiah 42 |
| Luke 11 | Acts 15 | 1 Samuel 20 | Jeremiah 43 |
| Luke 12 | Acts 16 | 1 Samuel 21 | Jeremiah 44 |
| Luke 13 | Acts 17 | 1 Samuel 22 | Jeremiah 45 |

| The Gospels | Acts – Revelation | Genesis – Job | Psalms – Malachi |
| --- | --- | --- | --- |
| Luke 14 | Acts 18 | 1 Samuel 23 | Jeremiah 46 |
| Luke 15 | Acts 19 | 1 Samuel 24 | Jeremiah 47 |
| Luke 16 | Acts 20 | 1 Samuel 25 | Jeremiah 48 |
| Luke 17 | Acts 21 | 1 Samuel 26 | Jeremiah 49 |
| Luke 18 | Acts 22 | 1 Samuel 27 | Jeremiah 50 |
| Luke 19 | Acts 23 | 1 Samuel 28 | Jeremiah 51 |
| Luke 20 | Acts 24 | 1 Samuel 29 | Jeremiah 52 |
| Luke 21 | Acts 25 | 1 Samuel 30 | Lamentations 1 |
| Luke 22 | Acts 26 | 1 Samuel 31 | Lamentations 2 |
| Luke 23 | Acts 27 | 2 Samuel 1 | Lamentations 3 |
| Luke 24 | Acts 28 | 2 Samuel 2 | Lamentations 4 |
| John 1 | Romans 1 | 2 Samuel 3 | Lamentations 5 |
| John 2 | Romans 2 | 2 Samuel 4 | Ezekiel 1 |
| John 3 | Romans 3 | 2 Samuel 5 | Ezekiel 2 |
| John 4 | Romans 4 | 2 Samuel 6 | Ezekiel 3 |
| John 5 | Romans 5 | 2 Samuel 7 | Ezekiel 4 |
| John 6 | Romans 6 | 2 Samuel 8 | Ezekiel 5 |
| John 7 | Romans 7 | 2 Samuel 9 | Ezekiel 6 |
| John 8 | Romans 8 | 2 Samuel 10 | Ezekiel 7 |
| John 9 | Romans 9 | 2 Samuel 11 | Ezekiel 8 |
| John 10 | Romans 10 | 2 Samuel 12 | Ezekiel 9 |
| John 11 | Romans 11 | 2 Samuel 13 | Ezekiel 10 |
| John 12 | Romans 12 | 2 Samuel 14 | Ezekiel 11 |
| John 13 | Romans 13 | 2 Samuel 15 | Ezekiel 12 |
| John 14 | Romans 14 | 2 Samuel 16 | Ezekiel 13 |
| John 15 | Romans 15 | 2 Samuel 17 | Ezekiel 14 |
| John 16 | Romans 16 | 2 Samuel 18 | Ezekiel 15 |
| John 17 | 1 Corinthians 1 | 2 Samuel 19 | Ezekiel 16 |
| John 18 | 1 Corinthians 2 | 2 Samuel 20 | Ezekiel 17 |
| John 19 | 1 Corinthians 3 | 2 Samuel 21 | Ezekiel 18 |
| John 20 | 1 Corinthians 4 | 2 Samuel 22 | Ezekiel 19 |
| John 21 | 1 Corinthians 5 | 2 Samuel 23 | Ezekiel 20 |
| Matthew 1 | 1 Corinthians 6 | 2 Samuel 24 | Ezekiel 21 |
| Matthew 2 | 1 Corinthians 7 | 1 Kings 1 | Ezekiel 22 |
| Matthew 3 | 1 Corinthians 8 | 1 Kings 2 | Ezekiel 23 |
| Matthew 4 | 1 Corinthians 9 | 1 Kings 3 | Ezekiel 24 |
| Matthew 5 | 1 Corinthians 10 | 1 Kings 4 | Ezekiel 25 |
| Matthew 6 | 1 Corinthians 11 | 1 Kings 5 | Ezekiel 26 |
| Matthew 7 | 1 Corinthians 12 | 1 Kings 6 | Ezekiel 27 |
| Matthew 8 | 1 Corinthians 13 | 1 Kings 7 | Ezekiel 28 |
| Matthew 9 | 1 Corinthians 14 | 1 Kings 8 | Ezekiel 29 |
| Matthew 10 | 1 Corinthians 15 | 1 Kings 9 | Ezekiel 30 |
| Matthew 11 | 1 Corinthians 16 | 1 Kings 10 | Ezekiel 31 |
| Matthew 12 | 2 Corinthians 1 | 1 Kings 11 | Ezekiel 32 |
| Matthew 13 | 2 Corinthians 2 | 1 Kings 12 | Ezekiel 33 |

| The Gospels | Acts – Revelation | Genesis – Job | Psalms – Malachi |
|---|---|---|---|
| Matthew 14 | 2 Corinthians 3 | 1 Kings 13 | Ezekiel 34 |
| Matthew 15 | 2 Corinthians 4 | 1 Kings 14 | Ezekiel 35 |
| Matthew 16 | 2 Corinthians 5 | 1 Kings 15 | Ezekiel 36 |
| Matthew 17 | 2 Corinthians 6 | 1 Kings 16 | Ezekiel 37 |
| Matthew 18 | 2 Corinthians 7 | 1 Kings 17 | Ezekiel 38 |
| Matthew 19 | 2 Corinthians 8 | 1 Kings 18 | Ezekiel 39 |
| Matthew 20 | 2 Corinthians 9 | 1 Kings 19 | Ezekiel 40 |
| Matthew 21 | 2 Corinthians 10 | 1 Kings 20 | Ezekiel 41 |
| Matthew 22 | 2 Corinthians 11 | 1 Kings 21 | Ezekiel 42 |
| Matthew 23 | 2 Corinthians 12 | 1 Kings 22 | Ezekiel 43 |
| Matthew 24 | 2 Corinthians 13 | 2 Kings 1 | Ezekiel 44 |
| Matthew 25 | Galatians 1 | 2 Kings 2 | Ezekiel 45 |
| Matthew 26 | Galatians 2 | 2 Kings 3 | Ezekiel 46 |
| Matthew 27 | Galatians 3 | 2 Kings 4 | Ezekiel 47 |
| Matthew 28 | Galatians 4 | 2 Kings 5 | Ezekiel 48 |
| Mark 1 | Galatians 5 | 2 Kings 6 | Daniel 1 |
| Mark 2 | Galatians 6 | 2 Kings 7 | Daniel 2 |
| Mark 3 | Ephesians 1 | 2 Kings 8 | Daniel 3 |
| Mark 4 | Ephesians 2 | 2 Kings 9 | Daniel 4 |
| Mark 5 | Ephesians 3 | 2 Kings 10 | Daniel 5 |
| Mark 6 | Ephesians 4 | 2 Kings 11 | Daniel 6 |
| Mark 7 | Ephesians 5 | 2 Kings 12 | Daniel 7 |
| Mark 8 | Ephesians 6 | 2 Kings 13 | Daniel 8 |
| Mark 9 | Philippians 1 | 2 Kings 14 | Daniel 9 |
| Mark 10 | Philippians 2 | 2 Kings 15 | Daniel 10 |
| Mark 11 | Philippians 3 | 2 Kings 16 | Daniel 11 |
| Mark 12 | Philippians 4 | 2 Kings 17 | Daniel 12 |
| Mark 13 | Colossians 1 | 2 Kings 18 | Hosea 1 |
| Mark 14 | Colossians 2 | 2 Kings 19 | Hosea 2 |
| Mark 15 | Colossians 3 | 2 Kings 20 | Hosea 3 |
| Mark 16 | Colossians 4 | 2 Kings 21 | Hosea 4 |
| Luke 1 | 1 Thessalonians 1 | 2 Kings 22 | Hosea 5 |
| Luke 2 | 1 Thessalonians 2 | 2 Kings 23 | Hosea 6 |
| Luke 3 | 1 Thessalonians 3 | 2 Kings 24 | Hosea 7 |
| Luke 4 | 1 Thessalonians 4 | 2 Kings 25 | Hosea 8 |
| Luke 5 | 1 Thessalonians 5 | 1 Chronicles 1 | Hosea 9 |
| Luke 6 | 2 Thessalonians 1 | 1 Chronicles 2 | Hosea 10 |
| Luke 7 | 2 Thessalonians 2 | 1 Chronicles 3 | Hosea 11 |
| Luke 8 | 2 Thessalonians 3 | 1 Chronicles 4 | Hosea 12 |
| Luke 9 | 1 Timothy 1 | 1 Chronicles 5 | Hosea 13 |
| Luke 10 | 1 Timothy 2 | 1 Chronicles 6 | Hosea 14 |
| Luke 11 | 1 Timothy 3 | 1 Chronicles 7 | Joel 1 |
| Luke 12 | 1 Timothy 4 | 1 Chronicles 8 | Joel 2 |
| Luke 13 | 1 Timothy 5 | 1 Chronicles 9 | Joel 3 |
| Luke 14 | 1 Timothy 6 | 1 Chronicles 10 | Amos 1 |

| The Gospels | Acts – Revelation | Genesis – Job | Psalms – Malachi |
|---|---|---|---|
| Luke 15 | 2 Timothy 1 | 1 Chronicles 11 | Amos 2 |
| Luke 16 | 2 Timothy 2 | 1 Chronicles 12 | Amos 3 |
| Luke 17 | 2 Timothy 3 | 1 Chronicles 13 | Amos 4 |
| Luke 18 | 2 Timothy 4 | 1 Chronicles 14 | Amos 5 |
| Luke 19 | Titus 1 | 1 Chronicles 15 | Amos 6 |
| Luke 20 | Titus 2 | 1 Chronicles 16 | Amos 7 |
| Luke 21 | Titus 3 | 1 Chronicles 17 | Amos 8 |
| Luke 22 | Philemon | 1 Chronicles 18 | Amos 9 |
| Luke 23 | Hebrews 1 | 1 Chronicles 19 | Obadiah |
| Luke 24 | Hebrews 2 | 1 Chronicles 20 | Jonah 1 |
| John 1 | Hebrews 3 | 1 Chronicles 21 | Jonah 2 |
| John 2 | Hebrews 4 | 1 Chronicles 22 | Jonah 3 |
| John 3 | Hebrews 5 | 1 Chronicles 23 | Jonah 4 |
| John 4 | Hebrews 6 | 1 Chronicles 24 | Micah 1 |
| John 5 | Hebrews 7 | 1 Chronicles 25 | Micah 2 |
| John 6 | Hebrews 8 | 1 Chronicles 26 | Micah 3 |
| John 7 | Hebrews 9 | 1 Chronicles 27 | Micah 4 |
| John 8 | Hebrews 10 | 1 Chronicles 28 | Micah 5 |
| John 9 | Hebrews 11 | 1 Chronicles 29 | Micah 6 |
| John 10 | Hebrews 12 | 2 Chronicles 1 | Micah 7 |
| John 11 | Hebrews 13 | 2 Chronicles 2 | Nahum 1 |
| John 12 | James 1 | 2 Chronicles 3 | Nahum 2 |
| John 13 | James 2 | 2 Chronicles 4 | Nahum 3 |
| John 14 | James 3 | 2 Chronicles 5 | Habakkuk 1 |
| John 15 | James 4 | 2 Chronicles 6 | Habakkuk 2 |
| John 16 | James 5 | 2 Chronicles 7 | Habakkuk 3 |
| John 17 | 1 Peter 1 | 2 Chronicles 8 | Zephaniah 1 |
| John 18 | 1 Peter 2 | 2 Chronicles 9 | Zephaniah 2 |
| John 19 | 1 Peter 3 | 2 Chronicles 10 | Zephaniah 3 |
| John 20 | 1 Peter 4 | 2 Chronicles 11 | Haggai 1 |
| John 21 | 1 Peter 5 | 2 Chronicles 12 | Haggai 2 |
| Matthew 1 | 2 Peter 1 | 2 Chronicles 13 | Zechariah 1 |
| Matthew 2 | 2 Peter 2 | 2 Chronicles 14 | Zechariah 2 |
| Matthew 3 | 2 Peter 3 | 2 Chronicles 15 | Zechariah 3 |
| Matthew 4 | 1 John 1 | 2 Chronicles 16 | Zechariah 4 |
| Matthew 5 | 1 John 2 | 2 Chronicles 17 | Zechariah 5 |
| Matthew 6 | 1 John 3 | 2 Chronicles 18 | Zechariah 6 |
| Matthew 7 | 1 John 4 | 2 Chronicles 19 | Zechariah 7 |
| Matthew 8 | 1 John 5 | 2 Chronicles 20 | Zechariah 8 |
| Matthew 9 | 2 John | 2 Chronicles 21 | Zechariah 9 |
| Matthew 10 | 3 John | 2 Chronicles 22 | Zechariah 10 |
| Matthew 11 | Jude | 2 Chronicles 23 | Zechariah 11 |
| Matthew 12 | Revelation 1 | 2 Chronicles 24 | Zechariah 12 |
| Matthew 13 | Revelation 2 | 2 Chronicles 25 | Zechariah 13 |
| Matthew 14 | Revelation 3 | 2 Chronicles 26 | Zechariah 14 |

| The Gospels | Acts – Revelation | Genesis – Job | Psalms – Malachi |
|---|---|---|---|
| Matthew 15 | Revelation 4 | 2 Chronicles 27 | Malachi 1 |
| Matthew 16 | Revelation 5 | 2 Chronicles 28 | Malachi 2 |
| Matthew 17 | Revelation 6 | 2 Chronicles 29 | Malachi 3 |
| Matthew 18 | Revelation 7 | 2 Chronicles 30 | Malachi 4 |
| Matthew 19 | Revelation 8 | 2 Chronicles 31 | Psalms 1 |
| Matthew 20 | Revelation 9 | 2 Chronicles 32 | Psalms 2 |
| Matthew 21 | Revelation 10 | 2 Chronicles 33 | Psalms 3 |
| Matthew 22 | Revelation 11 | 2 Chronicles 34 | Psalms 4 |
| Matthew 23 | Revelation 12 | 2 Chronicles 35 | Psalms 5 |
| Matthew 24 | Revelation 13 | 2 Chronicles 36 | Psalms 6 |
| Matthew 25 | Revelation 14 | Ezra 1 | Psalms 7 |
| Matthew 26 | Revelation 15 | Ezra 2 | Psalms 8 |
| Matthew 27 | Revelation 16 | Ezra 3 | Psalms 9 |
| Matthew 28 | Revelation 17 | Ezra 4 | Psalms 10 |
| Mark 1 | Revelation 18 | Ezra 5 | Psalms 11 |
| Mark 2 | Revelation 19 | Ezra 6 | Psalms 12 |
| Mark 3 | Revelation 20 | Ezra 7 | Psalms 13 |
| Mark 4 | Revelation 21 | Ezra 8 | Psalms 14 |
| Mark 5 | Revelation 22 | Ezra 9 | Psalms 15 |
| Mark 6 | Acts 1 | Ezra 10 | Psalms 16 |
| Mark 7 | Acts 2 | Nehemiah 1 | Psalms 17 |
| Mark 8 | Acts 3 | Nehemiah 2 | Psalms 18 |
| Mark 9 | Acts 4 | Nehemiah 3 | Psalms 19 |
| Mark 10 | Acts 5 | Nehemiah 4 | Psalms 20 |
| Mark 11 | Acts 6 | Nehemiah 5 | Psalms 21 |
| Mark 12 | Acts 7 | Nehemiah 6 | Psalms 22 |
| Mark 13 | Acts 8 | Nehemiah 7 | Psalms 23 |
| Mark 14 | Acts 9 | Nehemiah 8 | Psalms 24 |
| Mark 15 | Acts 10 | Nehemiah 9 | Psalms 25 |
| Mark 16 | Acts 11 | Nehemiah 10 | Psalms 26 |
| Luke 1 | Acts 12 | Nehemiah 11 | Psalms 27 |
| Luke 2 | Acts 13 | Nehemiah 12 | Psalms 28 |
| Luke 3 | Acts 14 | Nehemiah 13 | Psalms 29 |
| Luke 4 | Acts 15 | Esther 1 | Psalms 30 |
| Luke 5 | Acts 16 | Esther 2 | Psalms 31 |
| Luke 6 | Acts 17 | Esther 3 | Psalms 32 |
| Luke 7 | Acts 18 | Esther 4 | Psalms 33 |
| Luke 8 | Acts 19 | Esther 5 | Psalms 34 |
| Luke 9 | Acts 20 | Esther 6 | Psalms 35 |
| Luke 10 | Acts 21 | Esther 7 | Psalms 36 |
| Luke 11 | Acts 22 | Esther 8 | Psalms 37 |
| Luke 12 | Acts 23 | Esther 9 | Psalms 38 |
| Luke 13 | Acts 24 | Esther 10 | Psalms 39 |
| Luke 14 | Acts 25 | Job 1 | Psalms 40 |
| Luke 15 | Acts 26 | Job 2 | Psalms 41 |

| The Gospels | Acts – Revelation | Genesis – Job | Psalms – Malachi |
|---|---|---|---|
| Luke 16 | Acts 27 | Job 3 | Psalms 42 |
| Luke 17 | Acts 28 | Job 4 | Psalms 43 |
| Luke 18 | Romans 1 | Job 5 | Psalms 44 |
| Luke 19 | Romans 2 | Job 6 | Psalms 45 |
| Luke 20 | Romans 3 | Job 7 | Psalms 46 |
| Luke 21 | Romans 4 | Job 8 | Psalms 47 |
| Luke 22 | Romans 5 | Job 9 | Psalms 48 |
| Luke 23 | Romans 6 | Job 10 | Psalms 49 |
| Luke 24 | Romans 7 | Job 11 | Psalms 50 |
| John 1 | Romans 8 | Job 12 | Psalms 51 |
| John 2 | Romans 9 | Job 13 | Psalms 52 |
| John 3 | Romans 10 | Job 14 | Psalms 53 |
| John 4 | Romans 11 | Job 15 | Psalms 54 |
| John 5 | Romans 12 | Job 16 | Psalms 55 |
| John 6 | Romans 13 | Job 17 | Psalms 56 |
| John 7 | Romans 14 | Job 18 | Psalms 57 |
| John 8 | Romans 15 | Job 19 | Psalms 58 |
| John 9 | Romans 16 | Job 20 | Psalms 59 |
| John 10 | 1 Corinthians 1 | Job 21 | Psalms 60 |
| John 11 | 1 Corinthians 2 | Job 22 | Psalms 61 |
| John 12 | 1 Corinthians 3 | Job 23 | Psalms 62 |
| John 13 | 1 Corinthians 4 | Job 24 | Psalms 63 |
| John 14 | 1 Corinthians 5 | Job 25 | Psalms 64 |
| John 15 | 1 Corinthians 6 | Job 26 | Psalms 65 |
| John 16 | 1 Corinthians 7 | Job 27 | Psalms 66 |
| John 17 | 1 Corinthians 8 | Job 28 | Psalms 67 |
| John 18 | 1 Corinthians 9 | Job 29 | Psalms 68 |
| John 19 | 1 Corinthians 10 | Job 30 | Psalms 69 |
| John 20 | 1 Corinthians 11 | Job 31 | Psalms 70 |
| John 21 | 1 Corinthians 12 | Job 32 | Psalms 71 |
| Matthew 1 | 1 Corinthians 13 | Job 33 | Psalms 72 |
| Matthew 2 | 1 Corinthians 14 | Job 34 | Psalms 73 |
| Matthew 3 | 1 Corinthians 15 | Job 35 | Psalms 74 |
| Matthew 4 | 1 Corinthians 16 | Job 36 | Psalms 75 |
| Matthew 5 | 2 Corinthians 1 | Job 37 | Psalms 76 |
| Matthew 6 | 2 Corinthians 2 | Job 38 | Psalms 77 |
| Matthew 7 | 2 Corinthians 3 | Job 39 | Psalms 78 |
| Matthew 8 | 2 Corinthians 4 | Job 40 | Psalms 79 |
| Matthew 9 | 2 Corinthians 5 | Job 41 | Psalms 80 |
| Matthew 10 | 2 Corinthians 6 | Job 42 | Psalms 81 |
| Matthew 11 | 2 Corinthians 7 | Genesis 1 | Psalms 82 |
| Matthew 12 | 2 Corinthians 8 | Genesis 2 | Psalms 83 |
| Matthew 13 | 2 Corinthians 9 | Genesis 3 | Psalms 84 |
| Matthew 14 | 2 Corinthians 10 | Genesis 4 | Psalms 85 |
| Matthew 15 | 2 Corinthians 11 | Genesis 5 | Psalms 86 |

| The Gospels | Acts – Revelation | Genesis – Job | Psalms – Malachi |
| --- | --- | --- | --- |
| Matthew 16 | 2 Corinthians 12 | Genesis 6 | Psalms 87 |
| Matthew 17 | 2 Corinthians 13 | Genesis 7 | Psalms 88 |
| Matthew 18 | Galatians 1 | Genesis 8 | Psalms 89 |
| Matthew 19 | Galatians 2 | Genesis 9 | Psalms 90 |
| Matthew 20 | Galatians 3 | Genesis 10 | Psalms 91 |
| Matthew 21 | Galatians 4 | Genesis 11 | Psalms 92 |
| Matthew 22 | Galatians 5 | Genesis 12 | Psalms 93 |
| Matthew 23 | Galatians 6 | Genesis 13 | Psalms 94 |
| Matthew 24 | Ephesians 1 | Genesis 14 | Psalms 95 |
| Matthew 25 | Ephesians 2 | Genesis 15 | Psalms 96 |
| Matthew 26 | Ephesians 3 | Genesis 16 | Psalms 97 |
| Matthew 27 | Ephesians 4 | Genesis 17 | Psalms 98 |
| Matthew 28 | Ephesians 5 | Genesis 18 | Psalms 99 |
| Mark 1 | Ephesians 6 | Genesis 19 | Psalms 100 |
| Mark 2 | Philippians 1 | Genesis 20 | Psalms 101 |
| Mark 3 | Philippians 2 | Genesis 21 | Psalms 102 |
| Mark 4 | Philippians 3 | Genesis 22 | Psalms 103 |
| Mark 5 | Philippians 4 | Genesis 23 | Psalms 104 |
| Mark 6 | Colossians 1 | Genesis 24 | Psalms 105 |
| Mark 7 | Colossians 2 | Genesis 25 | Psalms 106 |
| Mark 8 | Colossians 3 | Genesis 26 | Psalms 107 |
| Mark 9 | Colossians 4 | Genesis 27 | Psalms 108 |
| Mark 10 | 1 Thessalonians 1 | Genesis 28 | Psalms 109 |
| Mark 11 | 1 Thessalonians 2 | Genesis 29 | Psalms 110 |
| Mark 12 | 1 Thessalonians 3 | Genesis 30 | Psalms 111 |
| Mark 13 | 1 Thessalonians 4 | Genesis 31 | Psalms 112 |
| Mark 14 | 1 Thessalonians 5 | Genesis 32 | Psalms 113 |
| Mark 15 | 2 Thessalonians 1 | Genesis 33 | Psalms 114 |
| Mark 16 | 2 Thessalonians 2 | Genesis 34 | Psalms 115 |
| Luke 1 | 2 Thessalonians 3 | Genesis 35 | Psalms 116 |
| Luke 2 | 1 Timothy 1 | Genesis 36 | Psalms 117 |
| Luke 3 | 1 Timothy 2 | Genesis 37 | Psalms 118 |
| Luke 4 | 1 Timothy 3 | Genesis 38 | Psalms 119 |
| Luke 5 | 1 Timothy 4 | Genesis 39 | Psalms 120 |
| Luke 6 | 1 Timothy 5 | Genesis 40 | Psalms 121 |
| Luke 7 | 1 Timothy 6 | Genesis 41 | Psalms 122 |
| Luke 8 | 2 Timothy 1 | Genesis 42 | Psalms 123 |
| Luke 9 | 2 Timothy 2 | Genesis 43 | Psalms 124 |
| Luke 10 | 2 Timothy 3 | Genesis 44 | Psalms 125 |
| Luke 11 | 2 Timothy 4 | Genesis 45 | Psalms 126 |
| Luke 12 | Titus 1 | Genesis 46 | Psalms 127 |
| Luke 13 | Titus 2 | Genesis 47 | Psalms 128 |
| Luke 14 | Titus 3 | Genesis 48 | Psalms 129 |
| Luke 15 | Philemon | Genesis 49 | Psalms 130 |
| Luke 16 | Hebrews 1 | Genesis 50 | Psalms 131 |

| The Gospels | Acts – Revelation | Genesis – Job | Psalms – Malachi |
| --- | --- | --- | --- |
| Luke 17 | Hebrews 2 | Exodus 1 | Psalms 132 |
| Luke 18 | Hebrews 3 | Exodus 2 | Psalms 133 |
| Luke 19 | Hebrews 4 | Exodus 3 | Psalms 134 |
| Luke 20 | Hebrews 5 | Exodus 4 | Psalms 135 |
| Luke 21 | Hebrews 6 | Exodus 5 | Psalms 136 |
| Luke 22 | Hebrews 7 | Exodus 6 | Psalms 137 |
| Luke 23 | Hebrews 8 | Exodus 7 | Psalms 138 |
| Luke 24 | Hebrews 9 | Exodus 8 | Psalms 139 |
| John 1 | Hebrews 10 | Exodus 9 | Psalms 140 |
| John 2 | Hebrews 11 | Exodus 10 | Psalms 141 |
| John 3 | Hebrews 12 | Exodus 11 | Psalms 142 |
| John 4 | Hebrews 13 | Exodus 12 | Psalms 143 |
| John 5 | James 1 | Exodus 13 | Psalms 144 |
| John 6 | James 2 | Exodus 14 | Psalms 145 |
| John 7 | James 3 | Exodus 15 | Psalms 146 |
| John 8 | James 4 | Exodus 16 | Psalms 147 |
| John 9 | James 5 | Exodus 17 | Psalms 148 |
| John 10 | 1 Peter 1 | Exodus 18 | Psalms 149 |
| John 11 | 1 Peter 2 | Exodus 19 | Psalms 150 |
| John 12 | 1 Peter 3 | Exodus 20 | Proverbs 1 |
| John 13 | 1 Peter 4 | Exodus 21 | Proverbs 2 |
| John 14 | 1 Peter 5 | Exodus 22 | Proverbs 3 |
| John 15 | 2 Peter 1 | Exodus 23 | Proverbs 4 |
| John 16 | 2 Peter 2 | Exodus 24 | Proverbs 5 |
| John 17 | 2 Peter 3 | Exodus 25 | Proverbs 6 |
| John 18 | 1 John 1 | Exodus 26 | Proverbs 7 |
| John 19 | 1 John 2 | Exodus 27 | Proverbs 8 |
| John 20 | 1 John 3 | Exodus 28 | Proverbs 9 |
| John 21 | 1 John 4 | Exodus 29 | Proverbs 10 |
| Matthew 1 | 1 John 5 | Exodus 30 | Proverbs 11 |
| Matthew 2 | 2 John | Exodus 31 | Proverbs 12 |
| Matthew 3 | 3 John | Exodus 32 | Proverbs 13 |
| Matthew 4 | Jude | Exodus 33 | Proverbs 14 |
| Matthew 5 | Revelation 1 | Exodus 34 | Proverbs 15 |
| Matthew 6 | Revelation 2 | Exodus 35 | Proverbs 16 |
| Matthew 7 | Revelation 3 | Exodus 36 | Proverbs 17 |
| Matthew 8 | Revelation 4 | Exodus 37 | Proverbs 18 |
| Matthew 9 | Revelation 5 | Exodus 38 | Proverbs 19 |
| Matthew 10 | Revelation 6 | Exodus 39 | Proverbs 20 |
| Matthew 11 | Revelation 7 | Exodus 40 | Proverbs 21 |
| Matthew 12 | Revelation 8 | Leviticus 1 | Proverbs 22 |
| Matthew 13 | Revelation 9 | Leviticus 2 | Proverbs 23 |
| Matthew 14 | Revelation 10 | Leviticus 3 | Proverbs 24 |
| Matthew 15 | Revelation 11 | Leviticus 4 | Proverbs 25 |
| Matthew 16 | Revelation 12 | Leviticus 5 | Proverbs 26 |

| The Gospels | Acts – Revelation | Genesis – Job | Psalms – Malachi |
|---|---|---|---|
| Matthew 17 | Revelation 13 | Leviticus 6 | Proverbs 27 |
| Matthew 18 | Revelation 14 | Leviticus 7 | Proverbs 28 |
| Matthew 19 | Revelation 15 | Leviticus 8 | Proverbs 29 |
| Matthew 20 | Revelation 16 | Leviticus 9 | Proverbs 30 |
| Matthew 21 | Revelation 17 | Leviticus 10 | Proverbs 31 |
| Matthew 22 | Revelation 18 | Leviticus 11 | Ecclesiastes 1 |
| Matthew 23 | Revelation 19 | Leviticus 12 | Ecclesiastes 2 |
| Matthew 24 | Revelation 20 | Leviticus 13 | Ecclesiastes 3 |
| Matthew 25 | Revelation 21 | Leviticus 14 | Ecclesiastes 4 |
| Matthew 26 | Revelation 22 | Leviticus 15 | Ecclesiastes 5 |
| Matthew 27 | Acts 1 | Leviticus 16 | Ecclesiastes 6 |
| Matthew 28 | Acts 2 | Leviticus 17 | Ecclesiastes 7 |
| Mark 1 | Acts 3 | Leviticus 18 | Ecclesiastes 8 |
| Mark 2 | Acts 4 | Leviticus 19 | Ecclesiastes 9 |
| Mark 3 | Acts 5 | Leviticus 20 | Ecclesiastes 10 |
| Mark 4 | Acts 6 | Leviticus 21 | Ecclesiastes 11 |
| Mark 5 | Acts 7 | Leviticus 22 | Ecclesiastes 12 |
| Mark 6 | Acts 8 | Leviticus 23 | Song of Solomon 1 |
| Mark 7 | Acts 9 | Leviticus 24 | Song of Solomon 2 |
| Mark 8 | Acts 10 | Leviticus 25 | Song of Solomon 3 |
| Mark 9 | Acts 11 | Leviticus 26 | Song of Solomon 4 |
| Mark 10 | Acts 12 | Leviticus 27 | Song of Solomon 5 |
| Mark 11 | Acts 13 | Numbers 1 | Song of Solomon 6 |
| Mark 12 | Acts 14 | Numbers 2 | Song of Solomon 7 |
| Mark 13 | Acts 15 | Numbers 3 | Song of Solomon 8 |
| Mark 14 | Acts 16 | Numbers 4 | Isaiah 1 |
| Mark 15 | Acts 17 | Numbers 5 | Isaiah 2 |
| Mark 16 | Acts 18 | Numbers 6 | Isaiah 3 |
| Luke 1 | Acts 19 | Numbers 7 | Isaiah 4 |
| Luke 2 | Acts 20 | Numbers 8 | Isaiah 5 |
| Luke 3 | Acts 21 | Numbers 9 | Isaiah 6 |
| Luke 4 | Acts 22 | Numbers 10 | Isaiah 7 |
| Luke 5 | Acts 23 | Numbers 11 | Isaiah 8 |
| Luke 6 | Acts 24 | Numbers 12 | Isaiah 9 |
| Luke 7 | Acts 25 | Numbers 13 | Isaiah 10 |
| Luke 8 | Acts 26 | Numbers 14 | Isaiah 11 |
| Luke 9 | Acts 27 | Numbers 15 | Isaiah 12 |
| Luke 10 | Acts 28 | Numbers 16 | Isaiah 13 |
| Luke 11 | Romans 1 | Numbers 17 | Isaiah 14 |
| Luke 12 | Romans 2 | Numbers 18 | Isaiah 15 |
| Luke 13 | Romans 3 | Numbers 19 | Isaiah 16 |
| Luke 14 | Romans 4 | Numbers 20 | Isaiah 17 |
| Luke 15 | Romans 5 | Numbers 21 | Isaiah 18 |
| Luke 16 | Romans 6 | Numbers 22 | Isaiah 19 |
| Luke 17 | Romans 7 | Numbers 23 | Isaiah 20 |

| The Gospels | Acts – Revelation | Genesis – Job | Psalms – Malachi |
|---|---|---|---|
| Luke 18 | Romans 8 | Numbers 24 | Isaiah 21 |
| Luke 19 | Romans 9 | Numbers 25 | Isaiah 22 |
| Luke 20 | Romans 10 | Numbers 26 | Isaiah 23 |
| Luke 21 | Romans 11 | Numbers 27 | Isaiah 24 |
| Luke 22 | Romans 12 | Numbers 28 | Isaiah 25 |
| Luke 23 | Romans 13 | Numbers 29 | Isaiah 26 |
| Luke 24 | Romans 14 | Numbers 30 | Isaiah 27 |
| John 1 | Romans 15 | Numbers 31 | Isaiah 28 |
| John 2 | Romans 16 | Numbers 32 | Isaiah 29 |
| John 3 | 1 Corinthians 1 | Numbers 33 | Isaiah 30 |
| John 4 | 1 Corinthians 2 | Numbers 34 | Isaiah 31 |
| John 5 | 1 Corinthians 3 | Numbers 35 | Isaiah 32 |
| John 6 | 1 Corinthians 4 | Numbers 36 | Isaiah 33 |
| John 7 | 1 Corinthians 5 | Deuteronomy 1 | Isaiah 34 |
| John 8 | 1 Corinthians 6 | Deuteronomy 2 | Isaiah 35 |
| John 9 | 1 Corinthians 7 | Deuteronomy 3 | Isaiah 36 |
| John 10 | 1 Corinthians 8 | Deuteronomy 4 | Isaiah 37 |
| John 11 | 1 Corinthians 9 | Deuteronomy 5 | Isaiah 38 |
| John 12 | 1 Corinthians 10 | Deuteronomy 6 | Isaiah 39 |
| John 13 | 1 Corinthians 11 | Deuteronomy 7 | Isaiah 40 |
| John 14 | 1 Corinthians 12 | Deuteronomy 8 | Isaiah 41 |
| John 15 | 1 Corinthians 13 | Deuteronomy 9 | Isaiah 42 |
| John 16 | 1 Corinthians 14 | Deuteronomy 10 | Isaiah 43 |
| John 17 | 1 Corinthians 15 | Deuteronomy 11 | Isaiah 44 |
| John 18 | 1 Corinthians 16 | Deuteronomy 12 | Isaiah 45 |
| John 19 | 2 Corinthians 1 | Deuteronomy 13 | Isaiah 46 |
| John 20 | 2 Corinthians 2 | Deuteronomy 14 | Isaiah 47 |
| John 21 | 2 Corinthians 3 | Deuteronomy 15 | Isaiah 48 |
| Matthew 1 | 2 Corinthians 4 | Deuteronomy 16 | Isaiah 49 |
| Matthew 2 | 2 Corinthians 5 | Deuteronomy 17 | Isaiah 50 |
| Matthew 3 | 2 Corinthians 6 | Deuteronomy 18 | Isaiah 51 |
| Matthew 4 | 2 Corinthians 7 | Deuteronomy 19 | Isaiah 52 |
| Matthew 5 | 2 Corinthians 8 | Deuteronomy 20 | Isaiah 53 |
| Matthew 6 | 2 Corinthians 9 | Deuteronomy 21 | Isaiah 54 |
| Matthew 7 | 2 Corinthians 10 | Deuteronomy 22 | Isaiah 55 |
| Matthew 8 | 2 Corinthians 11 | Deuteronomy 23 | Isaiah 56 |
| Matthew 9 | 2 Corinthians 12 | Deuteronomy 24 | Isaiah 57 |
| Matthew 10 | 2 Corinthians 13 | Deuteronomy 25 | Isaiah 58 |
| Matthew 11 | Galatians 1 | Deuteronomy 26 | Isaiah 59 |
| Matthew 12 | Galatians 2 | Deuteronomy 27 | Isaiah 60 |
| Matthew 13 | Galatians 3 | Deuteronomy 28 | Isaiah 61 |
| Matthew 14 | Galatians 4 | Deuteronomy 29 | Isaiah 62 |
| Matthew 15 | Galatians 5 | Deuteronomy 30 | Isaiah 63 |
| Matthew 16 | Galatians 6 | Deuteronomy 31 | Isaiah 64 |
| Matthew 17 | Ephesians 1 | Deuteronomy 32 | Isaiah 65 |

| The Gospels | Acts – Revelation | Genesis – Job | Psalms – Malachi |
|---|---|---|---|
| Matthew 18 | Ephesians 2 | Deuteronomy 33 | Isaiah 66 |
| Matthew 19 | Ephesians 3 | Deuteronomy 34 | Jeremiah 1 |
| Matthew 20 | Ephesians 4 | Joshua 1 | Jeremiah 2 |
| Matthew 21 | Ephesians 5 | Joshua 2 | Jeremiah 3 |
| Matthew 22 | Ephesians 6 | Joshua 3 | Jeremiah 4 |
| Matthew 23 | Philippians 1 | Joshua 4 | Jeremiah 5 |
| Matthew 24 | Philippians 2 | Joshua 5 | Jeremiah 6 |
| Matthew 25 | Philippians 3 | Joshua 6 | Jeremiah 7 |
| Matthew 26 | Philippians 4 | Joshua 7 | Jeremiah 8 |
| Matthew 27 | Colossians 1 | Joshua 8 | Jeremiah 9 |
| Matthew 28 | Colossians 2 | Joshua 9 | Jeremiah 10 |
| Mark 1 | Colossians 3 | Joshua 10 | Jeremiah 11 |
| Mark 2 | Colossians 4 | Joshua 11 | Jeremiah 12 |
| Mark 3 | 1 Thessalonians 1 | Joshua 12 | Jeremiah 13 |
| Mark 4 | 1 Thessalonians 2 | Joshua 13 | Jeremiah 14 |
| Mark 5 | 1 Thessalonians 3 | Joshua 14 | Jeremiah 15 |
| Mark 6 | 1 Thessalonians 4 | Joshua 15 | Jeremiah 16 |
| Mark 7 | 1 Thessalonians 5 | Joshua 16 | Jeremiah 17 |
| Mark 8 | 2 Thessalonians 1 | Joshua 17 | Jeremiah 18 |
| Mark 9 | 2 Thessalonians 2 | Joshua 18 | Jeremiah 19 |
| Mark 10 | 2 Thessalonians 3 | Joshua 19 | Jeremiah 20 |
| Mark 11 | 1 Timothy 1 | Joshua 20 | Jeremiah 21 |
| Mark 12 | 1 Timothy 2 | Joshua 21 | Jeremiah 22 |
| Mark 13 | 1 Timothy 3 | Joshua 22 | Jeremiah 23 |
| Mark 14 | 1 Timothy 4 | Joshua 23 | Jeremiah 24 |
| Mark 15 | 1 Timothy 5 | Joshua 24 | Jeremiah 25 |
| Mark 16 | 1 Timothy 6 | Judges 1 | Jeremiah 26 |
| Luke 1 | 2 Timothy 1 | Judges 2 | Jeremiah 27 |
| Luke 2 | 2 Timothy 2 | Judges 3 | Jeremiah 28 |
| Luke 3 | 2 Timothy 3 | Judges 4 | Jeremiah 29 |
| Luke 4 | 2 Timothy 4 | Judges 5 | Jeremiah 30 |
| Luke 5 | Titus 1 | Judges 6 | Jeremiah 31 |
| Luke 6 | Titus 2 | Judges 7 | Jeremiah 32 |
| Luke 7 | Titus 3 | Judges 8 | Jeremiah 33 |
| Luke 8 | Philemon | Judges 9 | Jeremiah 34 |
| Luke 9 | Hebrews 1 | Judges 10 | Jeremiah 35 |
| Luke 10 | Hebrews 2 | Judges 11 | Jeremiah 36 |
| Luke 11 | Hebrews 3 | Judges 12 | Jeremiah 37 |
| Luke 12 | Hebrews 4 | Judges 13 | Jeremiah 38 |
| Luke 13 | Hebrews 5 | Judges 14 | Jeremiah 39 |
| Luke 14 | Hebrews 6 | Judges 15 | Jeremiah 40 |
| Luke 15 | Hebrews 7 | Judges 16 | Jeremiah 41 |
| Luke 16 | Hebrews 8 | Judges 17 | Jeremiah 42 |
| Luke 17 | Hebrews 9 | Judges 18 | Jeremiah 43 |
| Luke 18 | Hebrews 10 | Judges 19 | Jeremiah 44 |

| The Gospels | Acts – Revelation | Genesis – Job | Psalms – Malachi |
|---|---|---|---|
| Luke 19 | Hebrews 11 | Judges 20 | Jeremiah 45 |
| Luke 20 | Hebrews 12 | Judges 21 | Jeremiah 46 |
| Luke 21 | Hebrews 13 | Ruth 1 | Jeremiah 47 |
| Luke 22 | James 1 | Ruth 2 | Jeremiah 48 |
| Luke 23 | James 2 | Ruth 3 | Jeremiah 49 |
| Luke 24 | James 3 | Ruth 4 | Jeremiah 50 |
| John 1 | James 4 | 1 Samuel 1 | Jeremiah 51 |
| John 2 | James 5 | 1 Samuel 2 | Jeremiah 52 |
| John 3 | 1 Peter 1 | 1 Samuel 3 | Lamentations 1 |
| John 4 | 1 Peter 2 | 1 Samuel 4 | Lamentations 2 |
| John 5 | 1 Peter 3 | 1 Samuel 5 | Lamentations 3 |
| John 6 | 1 Peter 4 | 1 Samuel 6 | Lamentations 4 |
| John 7 | 1 Peter 5 | 1 Samuel 7 | Lamentations 5 |
| John 8 | 2 Peter 1 | 1 Samuel 8 | Ezekiel 1 |
| John 9 | 2 Peter 2 | 1 Samuel 9 | Ezekiel 2 |
| John 10 | 2 Peter 3 | 1 Samuel 10 | Ezekiel 3 |
| John 11 | 1 John 1 | 1 Samuel 11 | Ezekiel 4 |
| John 12 | 1 John 2 | 1 Samuel 12 | Ezekiel 5 |
| John 13 | 1 John 3 | 1 Samuel 13 | Ezekiel 6 |
| John 14 | 1 John 4 | 1 Samuel 14 | Ezekiel 7 |
| John 15 | 1 John 5 | 1 Samuel 15 | Ezekiel 8 |
| John 16 | 2 John | 1 Samuel 16 | Ezekiel 9 |
| John 17 | 3 John | 1 Samuel 17 | Ezekiel 10 |
| John 18 | Jude | 1 Samuel 18 | Ezekiel 11 |
| John 19 | Revelation 1 | 1 Samuel 19 | Ezekiel 12 |
| John 20 | Revelation 2 | 1 Samuel 20 | Ezekiel 13 |
| John 21 | Revelation 3 | 1 Samuel 21 | Ezekiel 14 |
| Matthew 1 | Revelation 4 | 1 Samuel 22 | Ezekiel 15 |
| Matthew 2 | Revelation 5 | 1 Samuel 23 | Ezekiel 16 |
| Matthew 3 | Revelation 6 | 1 Samuel 24 | Ezekiel 17 |
| Matthew 4 | Revelation 7 | 1 Samuel 25 | Ezekiel 18 |
| Matthew 5 | Revelation 8 | 1 Samuel 26 | Ezekiel 19 |
| Matthew 6 | Revelation 9 | 1 Samuel 27 | Ezekiel 20 |
| Matthew 7 | Revelation 10 | 1 Samuel 28 | Ezekiel 21 |
| Matthew 8 | Revelation 11 | 1 Samuel 29 | Ezekiel 22 |
| Matthew 9 | Revelation 12 | 1 Samuel 30 | Ezekiel 23 |
| Matthew 10 | Revelation 13 | 1 Samuel 31 | Ezekiel 24 |
| Matthew 11 | Revelation 14 | 2 Samuel 1 | Ezekiel 25 |
| Matthew 12 | Revelation 15 | 2 Samuel 2 | Ezekiel 26 |
| Matthew 13 | Revelation 16 | 2 Samuel 3 | Ezekiel 27 |
| Matthew 14 | Revelation 17 | 2 Samuel 4 | Ezekiel 28 |
| Matthew 15 | Revelation 18 | 2 Samuel 5 | Ezekiel 29 |
| Matthew 16 | Revelation 19 | 2 Samuel 6 | Ezekiel 30 |
| Matthew 17 | Revelation 20 | 2 Samuel 7 | Ezekiel 31 |
| Matthew 18 | Revelation 21 | 2 Samuel 8 | Ezekiel 32 |

| The Gospels | Acts – Revelation | Genesis – Job | Psalms – Malachi |
|---|---|---|---|
| Matthew 19 | Revelation 22 | 2 Samuel 9 | Ezekiel 33 |
| Matthew 20 | Acts 1 | 2 Samuel 10 | Ezekiel 34 |
| Matthew 21 | Acts 2 | 2 Samuel 11 | Ezekiel 35 |
| Matthew 22 | Acts 3 | 2 Samuel 12 | Ezekiel 36 |
| Matthew 23 | Acts 4 | 2 Samuel 13 | Ezekiel 37 |
| Matthew 24 | Acts 5 | 2 Samuel 14 | Ezekiel 38 |
| Matthew 25 | Acts 6 | 2 Samuel 15 | Ezekiel 39 |
| Matthew 26 | Acts 7 | 2 Samuel 16 | Ezekiel 40 |
| Matthew 27 | Acts 8 | 2 Samuel 17 | Ezekiel 41 |
| Matthew 28 | Acts 9 | 2 Samuel 18 | Ezekiel 42 |
| Mark 1 | Acts 10 | 2 Samuel 19 | Ezekiel 43 |
| Mark 2 | Acts 11 | 2 Samuel 20 | Ezekiel 44 |
| Mark 3 | Acts 12 | 2 Samuel 21 | Ezekiel 45 |
| Mark 4 | Acts 13 | 2 Samuel 22 | Ezekiel 46 |
| Mark 5 | Acts 14 | 2 Samuel 23 | Ezekiel 47 |
| Mark 6 | Acts 15 | 2 Samuel 24 | Ezekiel 48 |
| Mark 7 | Acts 16 | 1 Kings 1 | Daniel 1 |
| Mark 8 | Acts 17 | 1 Kings 2 | Daniel 2 |
| Mark 9 | Acts 18 | 1 Kings 3 | Daniel 3 |
| Mark 10 | Acts 19 | 1 Kings 4 | Daniel 4 |
| Mark 11 | Acts 20 | 1 Kings 5 | Daniel 5 |
| Mark 12 | Acts 21 | 1 Kings 6 | Daniel 6 |
| Mark 13 | Acts 22 | 1 Kings 7 | Daniel 7 |
| Mark 14 | Acts 23 | 1 Kings 8 | Daniel 8 |
| Mark 15 | Acts 24 | 1 Kings 9 | Daniel 9 |
| Mark 16 | Acts 25 | 1 Kings 10 | Daniel 10 |
| Luke 1 | Acts 26 | 1 Kings 11 | Daniel 11 |
| Luke 2 | Acts 27 | 1 Kings 12 | Daniel 12 |
| Luke 3 | Acts 28 | 1 Kings 13 | Hosea 1 |
| Luke 4 | Romans 1 | 1 Kings 14 | Hosea 2 |
| Luke 5 | Romans 2 | 1 Kings 15 | Hosea 3 |
| Luke 6 | Romans 3 | 1 Kings 16 | Hosea 4 |
| Luke 7 | Romans 4 | 1 Kings 17 | Hosea 5 |
| Luke 8 | Romans 5 | 1 Kings 18 | Hosea 6 |
| Luke 9 | Romans 6 | 1 Kings 19 | Hosea 7 |
| Luke 10 | Romans 7 | 1 Kings 20 | Hosea 8 |
| Luke 11 | Romans 8 | 1 Kings 21 | Hosea 9 |
| Luke 12 | Romans 9 | 1 Kings 22 | Hosea 10 |
| Luke 13 | Romans 10 | 2 Kings 1 | Hosea 11 |
| Luke 14 | Romans 11 | 2 Kings 2 | Hosea 12 |
| Luke 15 | Romans 12 | 2 Kings 3 | Hosea 13 |
| Luke 16 | Romans 13 | 2 Kings 4 | Hosea 14 |
| Luke 17 | Romans 14 | 2 Kings 5 | Joel 1 |
| Luke 18 | Romans 15 | 2 Kings 6 | Joel 2 |
| Luke 19 | Romans 16 | 2 Kings 7 | Joel 3 |

| The Gospels | Acts – Revelation | Genesis – Job | Psalms – Malachi |
|---|---|---|---|
| Luke 20 | 1 Corinthians 1 | 2 Kings 8 | Amos 1 |
| Luke 21 | 1 Corinthians 2 | 2 Kings 9 | Amos 2 |
| Luke 22 | 1 Corinthians 3 | 2 Kings 10 | Amos 3 |
| Luke 23 | 1 Corinthians 4 | 2 Kings 11 | Amos 4 |
| Luke 24 | 1 Corinthians 5 | 2 Kings 12 | Amos 5 |
| John 1 | 1 Corinthians 6 | 2 Kings 13 | Amos 6 |
| John 2 | 1 Corinthians 7 | 2 Kings 14 | Amos 7 |
| John 3 | 1 Corinthians 8 | 2 Kings 15 | Amos 8 |
| John 4 | 1 Corinthians 9 | 2 Kings 16 | Amos 9 |
| John 5 | 1 Corinthians 10 | 2 Kings 17 | Obadiah |
| John 6 | 1 Corinthians 11 | 2 Kings 18 | Jonah 1 |
| John 7 | 1 Corinthians 12 | 2 Kings 19 | Jonah 2 |
| John 8 | 1 Corinthians 13 | 2 Kings 20 | Jonah 3 |
| John 9 | 1 Corinthians 14 | 2 Kings 21 | Jonah 4 |
| John 10 | 1 Corinthians 15 | 2 Kings 22 | Micah 1 |
| John 11 | 1 Corinthians 16 | 2 Kings 23 | Micah 2 |
| John 12 | 2 Corinthians 1 | 2 Kings 24 | Micah 3 |
| John 13 | 2 Corinthians 2 | 2 Kings 25 | Micah 4 |
| John 14 | 2 Corinthians 3 | 1 Chronicles 1 | Micah 5 |
| John 15 | 2 Corinthians 4 | 1 Chronicles 2 | Micah 6 |
| John 16 | 2 Corinthians 5 | 1 Chronicles 3 | Micah 7 |
| John 17 | 2 Corinthians 6 | 1 Chronicles 4 | Nahum 1 |
| John 18 | 2 Corinthians 7 | 1 Chronicles 5 | Nahum 2 |
| John 19 | 2 Corinthians 8 | 1 Chronicles 6 | Nahum 3 |
| John 20 | 2 Corinthians 9 | 1 Chronicles 7 | Habakkuk 1 |
| John 21 | 2 Corinthians 10 | 1 Chronicles 8 | Habakkuk 2 |
| Matthew 1 | 2 Corinthians 11 | 1 Chronicles 9 | Habakkuk 3 |
| Matthew 2 | 2 Corinthians 12 | 1 Chronicles 10 | Zephaniah 1 |
| Matthew 3 | 2 Corinthians 13 | 1 Chronicles 11 | Zephaniah 2 |
| Matthew 4 | Galatians 1 | 1 Chronicles 12 | Zephaniah 3 |
| Matthew 5 | Galatians 2 | 1 Chronicles 13 | Haggai 1 |
| Matthew 6 | Galatians 3 | 1 Chronicles 14 | Haggai 2 |
| Matthew 7 | Galatians 4 | 1 Chronicles 15 | Zechariah 1 |
| Matthew 8 | Galatians 5 | 1 Chronicles 16 | Zechariah 2 |
| Matthew 9 | Galatians 6 | 1 Chronicles 17 | Zechariah 3 |
| Matthew 10 | Ephesians 1 | 1 Chronicles 18 | Zechariah 4 |
| Matthew 11 | Ephesians 2 | 1 Chronicles 19 | Zechariah 5 |
| Matthew 12 | Ephesians 3 | 1 Chronicles 20 | Zechariah 6 |
| Matthew 13 | Ephesians 4 | 1 Chronicles 21 | Zechariah 7 |
| Matthew 14 | Ephesians 5 | 1 Chronicles 22 | Zechariah 8 |
| Matthew 15 | Ephesians 6 | 1 Chronicles 23 | Zechariah 9 |
| Matthew 16 | Philippians 1 | 1 Chronicles 24 | Zechariah 10 |
| Matthew 17 | Philippians 2 | 1 Chronicles 25 | Zechariah 11 |
| Matthew 18 | Philippians 3 | 1 Chronicles 26 | Zechariah 12 |
| Matthew 19 | Philippians 4 | 1 Chronicles 27 | Zechariah 13 |

| The Gospels | Acts – Revelation | Genesis – Job | Psalms – Malachi |
|---|---|---|---|
| Matthew 20 | Colossians 1 | 1 Chronicles 28 | Zechariah 14 |
| Matthew 21 | Colossians 2 | 1 Chronicles 29 | Malachi 1 |
| Matthew 22 | Colossians 3 | 2 Chronicles 1 | Malachi 2 |
| Matthew 23 | Colossians 4 | 2 Chronicles 2 | Malachi 3 |
| Matthew 24 | 1 Thessalonians 1 | 2 Chronicles 3 | Malachi 4 |
| Matthew 25 | 1 Thessalonians 2 | 2 Chronicles 4 | Psalms 1 |
| Matthew 26 | 1 Thessalonians 3 | 2 Chronicles 5 | Psalms 2 |
| Matthew 27 | 1 Thessalonians 4 | 2 Chronicles 6 | Psalms 3 |
| Matthew 28 | 1 Thessalonians 5 | 2 Chronicles 7 | Psalms 4 |
| Mark 1 | 2 Thessalonians 1 | 2 Chronicles 8 | Psalms 5 |
| Mark 2 | 2 Thessalonians 2 | 2 Chronicles 9 | Psalms 6 |
| Mark 3 | 2 Thessalonians 3 | 2 Chronicles 10 | Psalms 7 |
| Mark 4 | 1 Timothy 1 | 2 Chronicles 11 | Psalms 8 |
| Mark 5 | 1 Timothy 2 | 2 Chronicles 12 | Psalms 9 |
| Mark 6 | 1 Timothy 3 | 2 Chronicles 13 | Psalms 10 |
| Mark 7 | 1 Timothy 4 | 2 Chronicles 14 | Psalms 11 |
| Mark 8 | 1 Timothy 5 | 2 Chronicles 15 | Psalms 12 |
| Mark 9 | 1 Timothy 6 | 2 Chronicles 16 | Psalms 13 |
| Mark 10 | 2 Timothy 1 | 2 Chronicles 17 | Psalms 14 |
| Mark 11 | 2 Timothy 2 | 2 Chronicles 18 | Psalms 15 |
| Mark 12 | 2 Timothy 3 | 2 Chronicles 19 | Psalms 16 |
| Mark 13 | 2 Timothy 4 | 2 Chronicles 20 | Psalms 17 |
| Mark 14 | Titus 1 | 2 Chronicles 21 | Psalms 18 |
| Mark 15 | Titus 2 | 2 Chronicles 22 | Psalms 19 |
| Mark 16 | Titus 3 | 2 Chronicles 23 | Psalms 20 |
| Luke 1 | Philemon | 2 Chronicles 24 | Psalms 21 |
| Luke 2 | Hebrews 1 | 2 Chronicles 25 | Psalms 22 |
| Luke 3 | Hebrews 2 | 2 Chronicles 26 | Psalms 23 |
| Luke 4 | Hebrews 3 | 2 Chronicles 27 | Psalms 24 |
| Luke 5 | Hebrews 4 | 2 Chronicles 28 | Psalms 25 |
| Luke 6 | Hebrews 5 | 2 Chronicles 29 | Psalms 26 |
| Luke 7 | Hebrews 6 | 2 Chronicles 30 | Psalms 27 |
| Luke 8 | Hebrews 7 | 2 Chronicles 31 | Psalms 28 |
| Luke 9 | Hebrews 8 | 2 Chronicles 32 | Psalms 29 |
| Luke 10 | Hebrews 9 | 2 Chronicles 33 | Psalms 30 |
| Luke 11 | Hebrews 10 | 2 Chronicles 34 | Psalms 31 |
| Luke 12 | Hebrews 11 | 2 Chronicles 35 | Psalms 32 |
| Luke 13 | Hebrews 12 | 2 Chronicles 36 | Psalms 33 |
| Luke 14 | Hebrews 13 | Ezra 1 | Psalms 34 |
| Luke 15 | James 1 | Ezra 2 | Psalms 35 |
| Luke 16 | James 2 | Ezra 3 | Psalms 36 |
| Luke 17 | James 3 | Ezra 4 | Psalms 37 |
| Luke 18 | James 4 | Ezra 5 | Psalms 38 |
| Luke 19 | James 5 | Ezra 6 | Psalms 39 |
| Luke 20 | 1 Peter 1 | Ezra 7 | Psalms 40 |

| The Gospels | Acts – Revelation | Genesis – Job | Psalms – Malachi |
|---|---|---|---|
| Luke 21 | 1 Peter 2 | Ezra 8 | Psalms 41 |
| Luke 22 | 1 Peter 3 | Ezra 9 | Psalms 42 |
| Luke 23 | 1 Peter 4 | Ezra 10 | Psalms 43 |
| Luke 24 | 1 Peter 5 | Nehemiah 1 | Psalms 44 |
| John 1 | 2 Peter 1 | Nehemiah 2 | Psalms 45 |
| John 2 | 2 Peter 2 | Nehemiah 3 | Psalms 46 |
| John 3 | 2 Peter 3 | Nehemiah 4 | Psalms 47 |
| John 4 | 1 John 1 | Nehemiah 5 | Psalms 48 |
| John 5 | 1 John 2 | Nehemiah 6 | Psalms 49 |
| John 6 | 1 John 3 | Nehemiah 7 | Psalms 50 |
| John 7 | 1 John 4 | Nehemiah 8 | Psalms 51 |
| John 8 | 1 John 5 | Nehemiah 9 | Psalms 52 |
| John 9 | 2 John | Nehemiah 10 | Psalms 53 |
| John 10 | 3 John | Nehemiah 11 | Psalms 54 |
| John 11 | Jude | Nehemiah 12 | Psalms 55 |
| John 12 | Revelation 1 | Nehemiah 13 | Psalms 56 |
| John 13 | Revelation 2 | Esther 1 | Psalms 57 |
| John 14 | Revelation 3 | Esther 2 | Psalms 58 |
| John 15 | Revelation 4 | Esther 3 | Psalms 59 |
| John 16 | Revelation 5 | Esther 4 | Psalms 60 |
| John 17 | Revelation 6 | Esther 5 | Psalms 61 |
| John 18 | Revelation 7 | Esther 6 | Psalms 62 |
| John 19 | Revelation 8 | Esther 7 | Psalms 63 |
| John 20 | Revelation 9 | Esther 8 | Psalms 64 |
| John 21 | Revelation 10 | Esther 9 | Psalms 65 |
| Matthew 1 | Revelation 11 | Esther 10 | Psalms 66 |
| Matthew 2 | Revelation 12 | Job 1 | Psalms 67 |
| Matthew 3 | Revelation 13 | Job 2 | Psalms 68 |
| Matthew 4 | Revelation 14 | Job 3 | Psalms 69 |
| Matthew 5 | Revelation 15 | Job 4 | Psalms 70 |
| Matthew 6 | Revelation 16 | Job 5 | Psalms 71 |
| Matthew 7 | Revelation 17 | Job 6 | Psalms 72 |
| Matthew 8 | Revelation 18 | Job 7 | Psalms 73 |
| Matthew 9 | Revelation 19 | Job 8 | Psalms 74 |
| Matthew 10 | Revelation 20 | Job 9 | Psalms 75 |
| Matthew 11 | Revelation 21 | Job 10 | Psalms 76 |
| Matthew 12 | Revelation 22 | Job 11 | Psalms 77 |
| Matthew 13 | Acts 1 | Job 12 | Psalms 78 |
| Matthew 14 | Acts 2 | Job 13 | Psalms 79 |
| Matthew 15 | Acts 3 | Job 14 | Psalms 80 |
| Matthew 16 | Acts 4 | Job 15 | Psalms 81 |
| Matthew 17 | Acts 5 | Job 16 | Psalms 82 |
| Matthew 18 | Acts 6 | Job 17 | Psalms 83 |
| Matthew 19 | Acts 7 | Job 18 | Psalms 84 |
| Matthew 20 | Acts 8 | Job 19 | Psalms 85 |

| The Gospels | Acts – Revelation | Genesis – Job | Psalms – Malachi |
| --- | --- | --- | --- |
| Matthew 21 | Acts 9 | Job 20 | Psalms 86 |
| Matthew 22 | Acts 10 | Job 21 | Psalms 87 |
| Matthew 23 | Acts 11 | Job 22 | Psalms 88 |
| Matthew 24 | Acts 12 | Job 23 | Psalms 89 |
| Matthew 25 | Acts 13 | Job 24 | Psalms 90 |
| Matthew 26 | Acts 14 | Job 25 | Psalms 91 |
| Matthew 27 | Acts 15 | Job 26 | Psalms 92 |
| Matthew 28 | Acts 16 | Job 27 | Psalms 93 |
| Mark 1 | Acts 17 | Job 28 | Psalms 94 |
| Mark 2 | Acts 18 | Job 29 | Psalms 95 |
| Mark 3 | Acts 19 | Job 30 | Psalms 96 |
| Mark 4 | Acts 20 | Job 31 | Psalms 97 |
| Mark 5 | Acts 21 | Job 32 | Psalms 98 |
| Mark 6 | Acts 22 | Job 33 | Psalms 99 |
| Mark 7 | Acts 23 | Job 34 | Psalms 100 |
| Mark 8 | Acts 24 | Job 35 | Psalms 101 |
| Mark 9 | Acts 25 | Job 36 | Psalms 102 |
| Mark 10 | Acts 26 | Job 37 | Psalms 103 |
| Mark 11 | Acts 27 | Job 38 | Psalms 104 |
| Mark 12 | Acts 28 | Job 39 | Psalms 105 |
| Mark 13 | Romans 1 | Job 40 | Psalms 106 |
| Mark 14 | Romans 2 | Job 41 | Psalms 107 |
| Mark 15 | Romans 3 | Job 42 | Psalms 108 |
| Mark 16 | Romans 4 | Genesis 1 | Psalms 109 |
| Luke 1 | Romans 5 | Genesis 2 | Psalms 110 |
| Luke 2 | Romans 6 | Genesis 3 | Psalms 111 |
| Luke 3 | Romans 7 | Genesis 4 | Psalms 112 |
| Luke 4 | Romans 8 | Genesis 5 | Psalms 113 |
| Luke 5 | Romans 9 | Genesis 6 | Psalms 114 |
| Luke 6 | Romans 10 | Genesis 7 | Psalms 115 |
| Luke 7 | Romans 11 | Genesis 8 | Psalms 116 |
| Luke 8 | Romans 12 | Genesis 9 | Psalms 117 |
| Luke 9 | Romans 13 | Genesis 10 | Psalms 118 |
| Luke 10 | Romans 14 | Genesis 11 | Psalms 119 |
| Luke 11 | Romans 15 | Genesis 12 | Psalms 120 |
| Luke 12 | Romans 16 | Genesis 13 | Psalms 121 |
| Luke 13 | 1 Corinthians 1 | Genesis 14 | Psalms 122 |
| Luke 14 | 1 Corinthians 2 | Genesis 15 | Psalms 123 |
| Luke 15 | 1 Corinthians 3 | Genesis 16 | Psalms 124 |
| Luke 16 | 1 Corinthians 4 | Genesis 17 | Psalms 125 |
| Luke 17 | 1 Corinthians 5 | Genesis 18 | Psalms 126 |
| Luke 18 | 1 Corinthians 6 | Genesis 19 | Psalms 127 |
| Luke 19 | 1 Corinthians 7 | Genesis 20 | Psalms 128 |
| Luke 20 | 1 Corinthians 8 | Genesis 21 | Psalms 129 |
| Luke 21 | 1 Corinthians 9 | Genesis 22 | Psalms 130 |

| The Gospels | Acts – Revelation | Genesis – Job | Psalms – Malachi |
|---|---|---|---|
| Luke 22 | 1 Corinthians 10 | Genesis 23 | Psalms 131 |
| Luke 23 | 1 Corinthians 11 | Genesis 24 | Psalms 132 |
| Luke 24 | 1 Corinthians 12 | Genesis 25 | Psalms 133 |
| John 1 | 1 Corinthians 13 | Genesis 26 | Psalms 134 |
| John 2 | 1 Corinthians 14 | Genesis 27 | Psalms 135 |
| John 3 | 1 Corinthians 15 | Genesis 28 | Psalms 136 |
| John 4 | 1 Corinthians 16 | Genesis 29 | Psalms 137 |
| John 5 | 2 Corinthians 1 | Genesis 30 | Psalms 138 |
| John 6 | 2 Corinthians 2 | Genesis 31 | Psalms 139 |
| John 7 | 2 Corinthians 3 | Genesis 32 | Psalms 140 |
| John 8 | 2 Corinthians 4 | Genesis 33 | Psalms 141 |
| John 9 | 2 Corinthians 5 | Genesis 34 | Psalms 142 |
| John 10 | 2 Corinthians 6 | Genesis 35 | Psalms 143 |
| John 11 | 2 Corinthians 7 | Genesis 36 | Psalms 144 |
| John 12 | 2 Corinthians 8 | Genesis 37 | Psalms 145 |
| John 13 | 2 Corinthians 9 | Genesis 38 | Psalms 146 |
| John 14 | 2 Corinthians 10 | Genesis 39 | Psalms 147 |
| John 15 | 2 Corinthians 11 | Genesis 40 | Psalms 148 |
| John 16 | 2 Corinthians 12 | Genesis 41 | Psalms 149 |
| John 17 | 2 Corinthians 13 | Genesis 42 | Psalms 150 |
| John 18 | Galatians 1 | Genesis 43 | Proverbs 1 |
| John 19 | Galatians 2 | Genesis 44 | Proverbs 2 |
| John 20 | Galatians 3 | Genesis 45 | Proverbs 3 |
| John 21 | Galatians 4 | Genesis 46 | Proverbs 4 |

By now, you have engaged in this discipline for more than five years. You may have noticed that each day, there is at least one theme in common to all four readings, sometimes there are multiple themes woven through the selections. As you continue the pattern of readings, this can be a source of daily meditation and reflection. As Jeremiah 1:5 says,

> *"Before I formed you in the womb I*
> *knew you, and before you were*
> *born I consecrated you...."* [ESV]

May God grant you the vision to perceive His will. May you have the faith to believe in all that God reveals to you. Finally, may you have the courage to trust in God's ability to achieve His plans for your life through you.

## Other Books by James J. Stewart
## Available at Amazon.com

### Christian Fiction

*The Gaardian Saga*
[Four books of Christian Science Fiction Fantasy with multiple romances]

*Casting Lots*
[A Young Adults Christian Romance and Adventure Set in the Near Future]

*Prayer Warriors*
[Urban Adventures in a Near-Future Continuation of Casting Lots]

*Tom's Town*
[Small Town Life and Christian Romance in California's Sierra Foothills]

*Soul Mates*
[Another Christian Romance in the same setting as Tom's Town]

### Christian Poetry and Inspiration

*Faith and Yosemite*
[Christian poetry with pictures of Yosemite]

*Faith Fuel*
[Meditations]

*Lasting Love*
[Short Biographical Sketches]

*Walking in Faith*
[Much of the same poetry as Faith and Yosemite but without pictures]

Seed Thoughts for Christian Prayer and Meditation [Workbook]

*Living for Jesus*
[Bible Study Guide for Couples and Small Groups]

*Single Sentence Sermons*
[77 Aphorisms on the Christian Faith with images of Yosemite National Park]

### Yosemite Picture Books

*Ever-Changing Yosemite Valley*

*Faith and Yosemite*
[see above poetry]

*Starlight Over Yosemite*

*Yosemite Textures and Shadows*